May Ayim

blues in schwarz weiss
nachtgesang

UNRAST

May Ayim

blues in schwarz weiss
nachtgesang

gedichte

UNRAST

Bibliografische Information der Deutschen Bibliothek
Die Deutsche Bibliothek verzeichnet diese Publikation in der Deutschen
Nationalbibliografie; detaillierte bibliografische Daten sind im Internet
über http://dnb.ddb.de abrufbar.

May Ayim: blues in schwarz weiss / nachtgesang
Insurrection Notes, Vol. 13
1. Auflage, August 2021
ISBN 978-3-89771-613-1

© UNRAST-Verlag, Münster
www.unrast-verlag.de – kontakt@unrast-verlag.de
Mitglied in der assoziation Linker Verlage (aLiVe)

Umschlag: Patricia Ann Elcock, Berlin
Satz: UNRAST Verlag, Münster
Druck: Multiprint, Kostinbrod

Inhalt

Teil II

nachtgesang

Vorwort zur Neuausgabe

Als May Ayims erster Gedichtband erscheint, bin ich 20 Jahre alt. Als Lyrikerin, Aktivistin und Mitbegründerin der ISD (Initiative Schwarzer Menschen in Deutschland) ist sie mir schon längere Zeit bekannt. May ist ein großes Vorbild für mich, und sicherlich für viele andere auch. Ich will selbst Dichterin werden und nenne mich so, seit ich neunzehn bin. Mays dichterisches Werk ist eine große Inspiration.

Ich habe in der Frauenbuchhandlung May Ayims ersten Gedichtband *blues in schwarz weiss* vorbestellt und kann es kaum erwarten, mich darin zu vertiefen. Auf dem Weg nach Hause setze ich mich hinten in den Bus. Meine Augen rasen über die Seiten. May beginnt mit den »vorworten«, die so schwer und »unerquicklich« sind, »weil am ende schon alles gesagt ist«. Wenig später kommt eines ihrer berühmtesten Gedichte, *afrodeutsch I*.

Sie spielt mit den Bildern, die sie beschreibt, mit Zeiten und Zeitformen. Sie lässt Sätze aufeinanderprallen, stellt sie nebeneinander, um Absurdes, Gefährliches, Verletzendes darzustellen. Sie schafft es, mit kurzen Vignetten komplizierte Gegebenheiten zusammenzufassen.

der mann brachte
die frau zum kind
die frau brachte das kind
ins heim

Ich kann ihren Schmerz fühlen. Der Bus holpert durch die Straßen. Ich komme nicht weit, im Buch. Meine Tränen fließen, nicht laut, aber stetig. Sie strömen, und doch kann ich nicht aufhören zu lesen. Der Schmerz ist in Mays Arbeit oft gleich an der Oberfläche. Die Wunden liegen so offen, dass ich Angst habe, in sie hineinzutreten. Aber ich weine, vor allem, weil ich zum ersten Mal auf dem Papier existiere. Ich fühle mich gespiegelt, gesehen, benannt. Ich kann sein, weil May da ist. Weil sie existiert und ihre Stimme erhebt – weil sie Raum für ihre Sisters und ihre Brothers einklagt. Sie gibt mir Mut, denn sie wird *noch einen schritt weitergehen*

...

wo meine schwestern sind
wo meine brüder stehen

...

und wiederkehren
wann
ich will
wenn
ich will
grenzenlos und unverschämt
bleiben

May ist für viele in der schwarzen Community eine Autorität, so auch für mich. Ihre Stimme ist wertvoll. Wir wissen das. Nun sollte es der literarische Kanon auch wissen. Hier ist ein ganz neues Buch, und ich halte es in meinen Händen – Wortkunst zwischen zwei Klappendeckeln.

Ab und zu stolpere ich, im guten Sinne, über die Verse. Dann muss ich noch einmal zurück, sehen wie sie es macht: das Singen mit dem Stift. Die Melodie ist zu schön, zu beeindruckend ihr Talent mit Worten und dem Tempo zu spielen. Sie spricht vom Blues und vom Jazz, »eine waffe gegen die lüge, und ehrlichkeit ohne ehrfurcht«. Ihre Verse sind voller Melodie, Rhythmik, und dem wiederkehrenden Motiv des Blues'. So zugänglich können Gedichte sein, so komplex, so spielerisch, so humorvoll, so bissig und scharf.

Als der Bus endlich an meiner Haltestelle ankommt, habe ich die meisten Gedichte in *blues in schwarz weiss* schon gelesen. Ich habe ihre Worte verschlungen, weil ich mich nach ihnen gesehnt hatte. Dieses Buch ist eine Wende für mich. Bedeutsam, Kraft gebend, transformierend.

Nun sind einige Jahre vergangen, seit der Erstausgabe von Mays Gedichtbänden *blues und schwarz weiss* und *nachtgesang*. Ihre Aussagekraft ist unverändert stark. Erst nach Mays Tod werden ihre literarischen Werke mit den Arbeiten von Autorinnen wie Ingeborg Bachmann und Inge Müller verglichen. Solche Vergleiche sind immer etwas schwierig, auch wenn sie zeigen sollen, wie stark und prägnant Mays Arbeiten sind. May Ayim ist May Ayim, eine der wichtigsten afrodeutschen Lyrikerinnen. Das steht für sich selbst, braucht keine Vergleiche. Anderseits zeigen diese Bezüge zu anderen deutschen Schriftsteller_innen, wie wichtig sie im deutschen literarischen Raum ist.

May Ayim ist eine Dichterin, die ohne elitäre Verworrenheit schreibt. Sie will ihr Publikum erreichen. Ihre Metaphern sind zugänglich, unerwartet und treffend.

Sie erhebt ihre Stimme und gibt politischen Realitäten kreativen Ausdruck, kunstvoll und mit scharfem Blick. Sie zeigt, wie Unterdrückung, Rassismus, Ausgrenzung produziert und reproduziert werden. In den kleinen Gesten, die ja nie so gemeint sind, in der Stille, die sie und so viele andere, mich auch, erdrückt.

die die das sagen haben
sagen gar nichts
die meisten anderen
schweigen auch

Dichtung war für May eine Möglichkeit, der weißen Gesellschaft den Spiegel vorzuhalten. Beim erneuten Lesen in den letzten Tagen merke ich wieder, wie zeitlos ihre Werke sind. Ihre kunstvollen gesellschaftliche Analysen könnten heute, oder in den letzten Jahren, geschrieben worden sein.

deutschland im herbst
mir graut vor dem winter

Heute, wo ich selbst Schriftstellerin bin, kenne ich Erlebnisse wie das, das May in *freiheit der kunst beschreibt*, leider zu gut. In dem Gedicht reden zwei Autorinnen miteinander und eine sagt: »einer meiner texte heißt ›ausländer rein‹ ich kann also nicht rassistisch sein.« Bei dieser »künstlerischen Freiheit« schwingt Unterdrückung mit. Da wird denen, die »Nein, so nicht« sagen, die Stimme entzogen, gar verboten. Solche Aussagen sind eine Weigerung, sich selbst als Handelnde in einem System zu sehen, einem System, das anderen großen Schaden zufügt. Es ist die Weigerung, sich einzugestehen, dass man nur »dagegen« ist, wenn man auch »dagegen« wirkt. May hat ein einzigartiges Talent, solche Strukturen in kleine auf den ersten Blick humorvolle Verse zu fassen. Die Tiefe fällt im Nachklang der Zeilen auf.

alle worte in den mund nehmen
egal wo sie herkommen
und sie überall fallen lassen
ganz gleich wen es
trifft

In »auskunft«, das in ihrem zweiten Gedichtband *nachtgesang* veröffentlicht ist, schreibt sie

meine heimat
ist heute
der raum zwischen
gestern und morgen
die stille
vor und hinter
den worten

Sie fordert uns damit auf, genauer zu sein, Vielschichtigkeiten wahrzunehmen und zuzulassen.

Noch heute beeinflusst May neue Generationen nicht nur als Afrodeutsche, sondern vor allem als Dichterin. In Mays Gedichte geht es um Liebe, Traurigkeit, Einsamkeit, Gewalt, das Unbegreifliche. Sie sind weiterhin aktuell, berührend und bissig. Der Doppelband lädt uns ein, in Mays Welt einzutreten, bei den Worten von gestern und morgen, von Heimat, die anders ist, von der Stille und dem, was gesagt werden muss, zu verweilen.

Olumide Popoola
London, Mai 2021

Die nigerianisch-deutsche Autorin Olumide Popoola lebt in London, wo sie schreibt und unterrichtet. Zu ihren Veröffentlichungen zählen die Novelle *this is not about sadness* (Unrast Verlag, 2010), das Theaterstück *Also by Mail*, der Kurzgeschichtenband *breach* (Ko-Autorin Annie Holmes), der Roman *When we speak of nothing* sowie zahlreiche lyrische Essays und Gedichte.

2004 gewann sie den May Ayim Award in der Kategorie Lyrik.

blues in schwarz weiss

gedichte

für Yoliswa

und die vielen die oft
alleine kämpfen
und unbemerkt
sterben
die selten gefeiert werden
und doch unvergeßlich
bleiben

Grußwort

Ich war überrascht. Inmitten tiefen Winters ein winziger Hauch von Frühling.

Im Februar 1994 bereiste ich Deutschland im Geschwindschritt. Geschmückt in der Farbe des Schnees rauschten hinter den Zugfenstern Saarbrücken, Frankfurt, Leipzig vorbei. Ein Lächeln, ein Händedruck, kurze Wortwechsel, während ich *Segu* oder *Ich, Tituba* signierte, und schon war ich wieder unterwegs zu einem anderen Ort, zur nächsten, ähnlich kurzen Begegnung. Zum Abschluss der Reise Berlin, das mir entstellt durch Vierteilung und Mauer in Erinnerung war. Ich wusste, mir würde keine Zeit bleiben, die wieder zusammengefügte Stadt neu zu entdecken. Unzufrieden machen Werbetourneen, die so wenig Raum für Neugier, für Kennenlernen bereithalten.

Im Institut Français erweckte die junge Frau, die die Aufgabe hatte, mich dem Publikum vorzustellen, meine Aufmerksamkeit. Warum? Ihre Jugend. Und ihre Stimme. Eine Stimme mit dem Klang und den Spuren sehr alter, noch offener Wunden. Auch ihre Erscheinung. Leise schmerzend, wie die Stimme.

Zu ihr hingezogen, begann ich, mich zu erkundigen. Wie könnte ihr Name lauten? »May Ayim«. Woher mag sie sein? Aus Afrika? Aus der Karibik? »Ich bin Afro-Deutsche«, antwortete sie mir. Afro-Deutsche? Diese Bezeichnung, die manche verwirren mag, war mir nicht neu. Im Gegenteil. Einige Jahre ist es her, dass mir eher beiläufig ein außergewöhnliches Buch in die Hände fiel: *Showing Our Colors. Afro-German Women Speak Out* (*Farbe bekennen*). Ich war ergriffen von diesem Teil der Geschichte, wo Verbannung, Ausgrenzung und Rassismus ihre Namen in so unvergleichlicher Weise buchstabierten. Fasziniert las ich die Gedichte, die aus erfahrenem Leid hervorgegangen waren – marginalisiert, den meisten unbekannt und oftmals unbeachtet.

»Ich bin eine der Autorinnen dieses Buches«, sagte mir May, »und veröffentlichte dort auch erste Gedichte.« Also doch. Ohne sie zu kennen, ohne ihren Namen nennen zu können, hatte ich bereits die Stimme von May Ayim vernommen. Dieses Treffen nun, das ich für unser erstes hielt, war in Wirklichkeit ein Wiederfinden.

> »während noch immer und schon wieder
> die einen
> verteilt und vertrieben und zerstückelt werden
> die einen
> die immer die anderen sind und waren und
> bleiben sollen ...«

Ich war überrascht. Ein winziger Hauch von Frühling inmitten eines deutschen Winters. Ich hielt die Zeit an. Wir setzten uns, die eine im Gegenüber der anderen, und ich vernahm erneut die Stimme von May. Ich hörte ihre Poesie. Mit dem unverkennbaren Klang ihrer Stimme sprachen mir ihre Gedichte von ihr, erzählten von anderen, die ihr ähnlich und doch so unähnlich sind, in Deutschland, in Afrika, in Amerika. In diesen Gedichten war Leidenschaft und Ironie und stets eine große Anziehungskraft. Die Stimme: jung und sehr alt. Während ich zuhörte, begegnete ich aufs Neue der Entschlossenheit ihres Engagements; denn auch ihr Witz, ihre Wortspiele und Pointen verschleiern nie die Stärke ihres Protests gegen Rassismus, Sexismus und all die anderen Ismen, die unsere Gesellschaft mit Trauer durchwirken. In Mays Stimme fand ich das Echo anderer Klänge aus der Diaspora. Ihre Unbändigkeit, ihr Humor, ihr poetischer Ausdruck sind auch die eines Léon-Gontron Damas*, einer der Väter der ›Négritude‹.

Außergewöhnliche Stimme. Einzigartig und bereits im Herzen von uns allen, die verfolgt sind und dürsten.

Maryse Condé, 28.11.1994

vorwort

vorworte
sind immer etwas
länger und ergiebiger
als nachdenkliche
kurzatmige nachworte

weil
am ende
schon alles gesagt ist
egal ob wahr
oder nicht

da
es allerdings
schwer ist
einen anfang zu
finden

und
es viel leichter fällt
viele anfänge zu
machen

die
nun wiederum
vom eigentlichen ablenken

deshalb
ist es schließlich
doch sehr oft
letztlich einfacher
allem ein ende zu setzen

womit
demnach vermutlich
gesagt werden muß
daß

vorworte
mindestens so
unerquicklich sind
wie nachworte und

Vorsätze
sind erst recht
entsetzlich

am anfang war das wort

am anfang war das wort

am anfang war das wort
geistreich
jedoch vorschnell ausgesprochen
prompt
kam ein widerwort

es ward licht
doch durch den widerspruch
gab's einen kurzschluß
wodurch
sowohl das wort
als auch das widerwort
zerplatzte:

    peng! – das p entsprang
             und mit ihm b und t
  autsch! – das war das u
             und mit ihm a und o
  knacks! – das k entkam
             und mit ihm kam das g

so ging das bis um mitternacht
und dann von früh bis spät
und aus dem Wortsalat entstand
wie hier in deutscher variante
komplett ein alphabet:

    das a
    fand den größten anklang
    es setzte sich gleich zu anfang
    das k
    kreischte vor wut und gab tritte

drum nahmen es j und 1
in die tröstende mitte
das z
petzte drängelte und quetschte
so daß man es ganz ans ende
setzte

den anderen war alles
ziemlich egal
sie nahmen halt
da platz
wo platz
war

die
mit den harten kanten
nannten sich konsonanten
die
die das maul aufreißen
wollten vokale heißen

so weit so gut

als alles spruchreif war
war nicht mehr zu verhindern
daß die neuen worte
die nun verbreitung finden
weitaus weniger geistreich
dafür doppeldeutiger
und dumpfer
klingen

auch das
ist fast
nicht schlecht

verhängnisvoll und peinlich
ist auf erden
daß die paar worte
die gänzlich
ohne sinn
sind
am häufigsten gesprochen
werden

[1991]

afro-deutsch I

Sie sind afro-deutsch?
... ah, ich verstehe: afrikanisch und deutsch.
Ist ja 'ne interessante Mischung!
Wissen Sie, manche, die denken ja immernoch,
    die Mulatten, die würden 's nicht
    so weit bringen
    wie die Weißen

Ich glaube das nicht.
Ich meine, bei entsprechender Erziehung ...
Sie haben ja echt Glück, daß Sie
hier aufgewachsen sind
Bei deutschen Eltern sogar. Schau an!

Wollen Sie denn mal zurück?
Wie, Sie waren noch nie in der Heimat vom Papa?
Ist ja traurig ... Also, wenn Se mich fragen:
So 'ne Herkunft, das prägt eben doch ganz schön.
Ich z.B., ich bin aus Westfalen,
und ich finde,
da gehör' ich auch hin ...

Ach Menschenskind! Dat ganze Elend in der Welt!
    Sei'n Se froh,
    daß Se nich im Busch geblieben sind.
    Da wär'n Se heute nich so weit!

Ich meine, Sie sind ja wirklich ein
intelligentes Mädchen.
    Wenn Se fleißig sind mit Studieren,
    können Se ja Ihren Leuten
    in Afrika helfen: Dafür
    sind Sie doch prädestiniert,
    auf Sie hör'n die doch bestimmt,

während unsereins -
ist ja so 'n Kulturgefälle ...

Wie meinen Sie das? Hier was machen.
Was woll'n Se denn hier schon machen?
Ok., ok., es ist nicht alles eitel Sonnenschein.
Aber ich finde, jeder sollte erstmal
vor seiner eigenen Tür fegen!

[1985]

überhaupt fast gar nicht

ich kannte dich immer überhaupt nicht
und nachdem wir uns
vor jahren
fünf minuten sahen
fast gar nicht

fünf minuten braunes haar braune augen
ängstlicher mund
fünf minuten und damals neun monate
zwangskindmutterschaft
wir kannten uns immer überhaupt nicht
und nunmehr fast gar nicht

[für Ursula, 1985]

dunkelheit

am anfang war
sanfte dunkelheit und
nervöse stille
dann wurde es sehr laut
sehr hell

schmerz und erstaunen öffneten
die türen zur gegenwart
drinnen war geschrei
und Stimmengewirr
draußen war mitternacht
und frühling

das haus war irgendwo
in oder am rande
der stadt
umringt vielleicht
von einer rasenfläche mit
blumen darauf
und hoch oben am himmel
wölken
die geschwind und geruhsam
aneinander vorbeizogen

damals

eine frau ein mann ein kind
die frau sehr jung
der mann nicht viel älter
das kind gerade geboren – schreiend

der mann brachte
die frau zum kind
die frau brachte das kind
ins heim

eine mu
ein va
ein ki

die mutter verschwand
im dunkel der zeit
der vater kam
dann und wann
zu besuch

das kind blieb
meistens allein

das erste wort
war nur ein wort

MAMA

[1991]

vatersuche

als ich dich brauchte
hielt ich das bild an der wand
für wahr
das schönste was ich von dir hatte
und das einzige

du warst
wie ich dich wünschte
ernst und klug und zart, unendlich zart.
   von angesicht zu angesicht
   traf mich dein augenblick
   ernst und klug und kalt, bitterkalt,
   wortlos hab ich das bild
      erhängt
      das den traum vom vater mir
      träumte
      zartbitter der abschied

ich gehe und staune

[für Nuwokpor, 1985]

gewitterstille

manchmal
leuchten die schönen momente bis
heute und
umstreichelte wunden flüstern
schmerzen
in sanfte träume

    im sandkasten
    sehe ich uns am liebsten
    erde und wasser zu mutkematke verrührend
    die häuser die wir bauten waren schön und
    zerbrechlich

    wie blitze die schläge
    auf kopf und gerippe
    wenn wir gegen SIE lachten und weinten wuchs
    unsere nähe
    ich lachte so gerne mit dir!

manchmal leuchten
die schönen momente bis heute
dann rühre ich mutkematke
und male unsere gesichter

[für Holk, 1985]

afro-deutsch II

... hm, verstehe.
Kannstja froh sein, daß de keine Türkin bist, wa?
Ich meine: ist ja entsetzlich,
diese ganze Ausländerhetze,
    kriegste denn davon auch manchmal was ab?

» ... «

Na ja, aber *die* Probleme habe ich auch.
Ich finde, man kann nicht alles
auf die Hautfarbe schieben,
und als Frau hat man's nirgendwo einfach.
Z. B. 'ne Freundin von mir:
    die ist ziemlich dick,
    was die für Probleme hat!
Also dagegen wirkst du relativ relaxed.
Ich finde überhaupt,
    daß die Schwarzen sich noch so 'ne natürliche
    Lebenseinstellung bewahrt haben.
Während hier: ist doch alles ziemlich kaputt.
Ich glaube, ich wäre froh, wenn ich du wäre.
    Auf die deutsche Geschichte kann man
    ja wirklich nicht stolz sein,
    und so schwarz bist du ja auch gar nicht.

[1985]

nichtig

22. september 19 hundert und irgendwann
ein ganz gewöhnlicher tag
im amtsgericht irgendwo

der mann hinter dem Schreibtisch
grüßt höflich und
gibt diskreten bericht
wie es sich für einen beamten geziemt
der auf einem amt sitzt

er braucht keinen namen
– was ich mir bereits dachte –
sondern nur meine nummer
4 VI 2 9 3 8
von der Vormundschaftsakte

er schlägt ein buch auf
er schüttelt den kopf
er schlägt das buch zu
er sagt unverhofft:

    vernichtet

die akte über ihr leben
das 1960 begann
wurde mit erreichen
der volljährigkeit

    verbrannt

die tür geht vor mir auf
»danke« sage ich leis'
und hinter mir wieder zu

die akte wußte mehr über mich als
ich über vergangenes weiß

22. september 19 hundert und irgendwann
hier und da
fällt asche vom himmel
schwarze tränen tropfen
in einen ganz gewöhnlichen tag

[1992]

entfernte verbindungen

die hände meiner mutter
sind weiß
ich weiß
ich kenne sie nicht
meine mutter
die hände

die hände meines vaters
ich weiß
sind schwarz
ich kenne ihn kaum
meinen vater
die hände

abseits
    visionen
    über grauen schuldgefühlen
    schattenküsse
    in der finstemis

abseits
    erinnerungen
    heiter ihr gesicht an seiner stirn
    schmerzendes deutsch
    auf den lippen

abseits
    vergessen
    ihre lippen sein gesicht
    schmerzen heiter
    afrikanische worte

abseits
    bevor sie
    sich verloren
    die tochter
    abseits

ich weiß
seine dunklen finger
an meiner hand
weiß
ihre hellen spuren
auf meiner haut
schattenküsse auf dem weg

entfernte Verbindungen
verbundene entfernungen
zwischen kontinenten
daheim unterwegs

ich weiß
in augenblicken erinnerungen
ich weiß
in händen den horizont
lebendig

[für Sewornu und Hiavor, 1992]

zeitenwechsel

ein nicht ganz liebes geh dicht

ich hatte einen geliebten
ich liebteliebe ihn noch
er liebteliebt lieb mich ooch
favoriterrorisiert
nanntnennen wir uns
zum trost

ich trenntetrenne mich
kamkomm dennoch ständig
wieder
vor und zurück
tief und hoch
er ooch

wir tyrannisiertentyrannisieren uns innig
mit liebes- und eifersucht
meistmanchmal ist es kaum zu ertragen
und dann doch wieder doch

gern wären wir würden wir
– fort in der ferne –
voneinander entfernt sein
auf und davon und
gemeinsam gehend gegangen

doch noch lieber bliebbleiben wir
drinnen und drannen
aneinander beisammen
sicherlich nicht
ganz dicht

[für Rita, 1991]

ansichtssache

über sicht

wer nur mit vorsicht
rücksicht übt
gesteht der weitsicht ein
daß sie in hinsicht
auf die klarsicht
die nachsicht übersieht

übersicht

wer vor sich selber schaut
nicht viel an andere denkt
trägt die verantwortung
allein für sich
sieht seinen weg genau
das gibt ihm sicherheit
wenn hinter oder neben ihm
mal eine hilfe braucht
womöglich sieht er das dann nicht

[für Gritt, 1982]

du

nicht
um des schreibens willen
schreib ich
sag ich
nicht
um des dichtens willen
dies gedieht
will dir was sagen
sag ich
und doch
ich sags dir nicht
noch nicht

        ich mag dich

          [für Horst, 1984]

selbstgespräch

ich war so sicher
du liebst nur mich
warum eigentlich
und dachte
auch wenn es nicht so ist
verletzt es mich nicht

warum eigentlich
warum wurde mir plötzlich so schwindelig
du hast doch bloß ihren hals geküßt
die ganze nacht lag ich wach
ich verfluchte dich ich beschuldigte mich
ich entschuldigte dich ich bezweifelte mich
und am morgen
haßte ich meine verheulten augen

du rufst sicher an
glaubte ich
dann
und erkundigst dich

jetzt
ist fast mitternacht
kein wort von dir
keine tränen mehr
ich warte am telefon
weiß genau
du schläfst schon

[für Seyena, 1986]

morgengrauen

nicht
an gestern denken
und dein gesicht
sehen

die flehenden augen
von tränen durchnäßt
dein gesicht

diese tränenden augen
kaum zu ertragen
fast
ertränkten sie mich

als
ich angstperlen für
tanzschweiß ausgab
im versuch dich
zu trösten

kein klarer gedanke
außer dem einen:
ich liebe dich nicht

alkoholatem
du kamst
mir zu dicht
kaltzittrige lippen
erschrecken
nein

nicht an gestern denken
und dein gesicht sehen
genau wie gestern   [1984]

45

zeitenwechsel

am abend
bei abenddämmerung
aß ich mein abendbrot
mit den resten vom abendrot
ein paar krümel fielen herunter

am morgen
hob ich die krümel auf
sie waren noch immer wo sie waren
ich klebte sie an den horizont
das morgenrot nahm sie fort

am mittag
bekam ich das morgengrauen
ich hatte nichts mehr zu essen
ich hatte mich selber vergessen
so dämmerte mir

am abend
flogen tropfen von oben
und es gab einen regenbogen
bevor sich der himmel schloß
ich trank ein paar schluck
und

um mitternacht
bröckelte hagel
aus den wolken herab
zerplatzte meine einsamkeitsstille
das echo klang bis zu dir

am morgen

[für Ruth und Dirk, 1985]

liebe

geben
ohne zu verlangen
nehmen
ohne zu besitzen
teilen
ohne warum
stark werden
für
die freiheit

[für Bärbel und Thomas, 1980]

afrekete*

ich sehe dich
im garten
stehend
träumend dich bewegend

ich wüßte gern
wohin
du träumst
und ob ich mitdarf
für ein kleines stück

die laute die du sprichst
verstehen wir nicht
nur du

ich wüßte gern
mit wem du sprichst
und mit wem nicht
und
was es noch gibt
außer dir und
mit dir
in dir

du hast mich
einmal angelächelt
weißt du noch
und meine hand gehalten
braun wie deine
du kamst ein bißchen
näher

ich wüßte gerne
ob du
bleiben wolltest

[für Angelika, 1990]

abschied

es war einmal
da träumte sie erinnerungen
bis an den horizont
und faltete sie
kleine briefe für die zukunft
in ihr herz
später
tief im schmerz der einsamkeit
der aus der stille wächst dem
nichts entgegen
weit in der schlucht in die sie

                        fiel

in der sie fortan weiterlebte
da half ihr die erinnerung
an die erinnerung
in jedes wort
zurück
bis
an den horizont
und in den regenbogen

[für Ika und Doro, 1988]

die zeit danach

fragezeichen

manchmal
wenn ich
dich sehe
frage ich mich
ob ich weiß
was liebe ist
manchmal
frage ich mich
ob du es weißt
wenn du mich küßt

ist glücklich
wenn frau ihre sorgen
vergißt
heißt
zärtlich
sein
daß man einsam
ist

manchmal
wenn ich dich
sehe
frage ich mich
ob du weißt was du willst
ob ich weiß
was ich
will
ob wir sollen
was wir wollen

[für Gottfried, 1982]

Sehnsucht

gefrorene kristalle
geliebter erinnerungen
nisten in meinen augenhöhlen
spiegeln mir dein entferntes gesicht
als einen schatten auf mein herz

[für Chat und Peggy, 1980]

ANA*

es gibt keine richtigen und keine falschen worte
für etwas das unaussprechlich ist
es gibt kein richtiges und falsches verhalten
für das was unbegreiflich bleibt

ANA ist tot

die einen zeigen schmerz
indem
sie weinen und schreien
die anderen zeigen verlust
indem
sie keine worte finden

einen moment lang
lachen und tanzen
weil wir wissen
daß wir
ANAs ideen und worte und pläne
weitertragen werden

dann wieder
weinen und schreien und schweigen
weil wir es sind die sprechen und fühlen und
leben

das heitere lachen die laute stimme
        und aufrichtige Widerspenstigkeit
fehlt
nicht ihr
fehlt
uns

ANA

wir kannten und mochten dich
auf unterschiedliche weise
oder kannten und mochten dich nicht
egal wie du warst und egal wie du nicht warst
egal wie wir waren und egal wie wir nicht waren:

du lebtest
so wie du warst
durch uns
mit und ohne uns
willensstark
mit
einer meinung
an der sich
gedanken und gefühle
mal spiegelten mal vereinigten mal zerstritten

ANA du bist

ohne den tod zu verachten
aus dem leben gegangen
lebhaft
für ein leben
das wir weitertragen werden
ein leben
das
wenn es vergeht
schmerz hinterläßt und sehnsucht und hoffnung
und liebe
ein leben
das
nicht nur etwas sondern
sehr viel zurückläßt
was wert ist weitergetragen zu werden

danke ANA

[für Dolores, 1992]

vertrauen

gelassen
wie ein spiegel
zeigen was ist
ohne angst zerschlagen zu werden
von dem was sichtbar wird
bevor was sichtbar wird

[für Ingrid und Frido, 1984]

der käfig hat eine tür

es fehlt mir das wort
für das was ich sagen will
die intuition
für das was ich empfinden möchte
die empfindung
für das was ich spüren müßte

verwirrung

das wesentliche
befindet sich
hinter dem eigentlichen
zwischen den zeilen
unter der oberfläche

das augenscheinliche fällt nicht auf
fällt ab
zerfällt in einzelheiten
halbwahrheiten
feilscht in feigheiten
fehlt

vielleicht werde ich verrückt
irgendwann
oder bin es schon
verloren
fahnde ich
vor buch-staben
nach anhalts-punkten

die staben sind stäbe
die punkte sind anfänge
an jeder ungereimtheit zerplatzt
eine einbildung

der käfig hat eine tür

es ist mir inzwischen lieber
ich bin ausgegrenzt
es ist mir lieber
ich bin
nicht eingeschlossen

[für Raya, die Unbestechliche, 1990]

von einer die noch lebt an einen der schon tot ist
gedieht in erinnerung an Martin Luther King*

die zeit danach

daß es eines tages anders sein wird
besser
das hast du geträumt, Bruder
schwarz wie mitternacht blutrot und grün
wie die bäume
die bald nicht mehr stehen
– die wahren farben
malen vielleicht nur die kinder
im mutterleib
vielleicht –

auch ich habe einen traum, Bruder
daß menschen eines tages
nicht mehr schreiend zur welt kommen
sondern lachend
lachend
in regenbogenfarben

ich trage meinen traum
hinter
erhobener faust
gegen den tod und für die zeit danach
denn
reden hilft kaum noch, Bruder
sie nennen das meinungsfreiheit
und auch demonstrationen und protestmärsche
die brauchen sie
für ihre demokratie
und machen weiter und machen weiter und
    machen weiter

sie haben deinen traum konserviert
konserviert und verkauft, Bruder
postkarten und poster
dreizeiler in einem geschichtsbuch
»I Have A Dream«
ein abgeschlossener roman

sie haben
vergangenheit daraus gemacht
weiß wie tränensalz
und da wo ich lebe
würden sie es »bewältigt« nennen, Bruder

ich trage meinen traum
hinter
erhobener faust
in pfefferfarben
und fange ganz klein an
fange endlich an
mit meiner schwester
und meiner freundin an der hand mit
meinen brüdern und
wenn es sein soll
auch allein
– damit es endlich anders werden
muß!

ich habe einen traum
da kommen menschen nicht mehr schreiend
zur welt
und eine vision
da lieg ich mit friedlichen augen
und einem loch im kopf

AMEN-A LUTA CONTINUA

[für Linton und John, 1987]

vision

irgendwann
irgendwo
eines tages
ein gemeinsames lied
gesungen
tanzend

    irgendwo
    irgendwann
    eines tages
    ein gedicht empfunden
    weitergetragen
    nachgeklungen

irgendwann
irgendwo
eines tages
hände in hände geklatscht
lippen auf münder geküßt
ineinander gefaltet
augen in augen gesehen
        lauschend
            verstehen verstanden

[für Gloria, 1992]

soul sister

abschiednehmen
von einer
die bereits gegangen ist
für immer

erinnerungsmomente und gedächtnislücken
bleiben
lebendig beweglich
uns überlassen

ich denke und sage
meine persönliche wahrheit:

AUDRE LORDE*
lebte
ein gesundes widerständiges schwarzes lesbisches
leben
in einer kranken gesellschaft
auf einem sterbenden planet
sie starb nach 58 jahren
einen gewöhnlichen tod
diagnose: krebs

ihr wirken lebt weiter
in ihren werken
unsere visionen
tragen erfahrungen
ihrer worte

erinnerungen

1984 prägten schwarze deutsche frauen
gemeinsam mit AUDRE LORDE den begriff
afro-deutsch
da wir viele bezeichnungen hatten
die nicht unsere waren
da wir keinen namen kannten
bei dem wir uns nennen wollten

rassismus bleibt
bleiches gesicht einer krankheit
die uns heimlich und öffentlich auffrißt

heute

wir betrauern den tod einer großen schwarzen dichterin
einer schwester freundin und kampfgefährtin

ihr wirken lebt weiter
in ihren werken
unsere visionen
tragen erfahrungen
ihrer worte

[für Beth und Jonathan, 1992]

aus dem rahmen

grenzenlos und unverschämt
ein gedicht gegen die deutsche sch-einheit

ich werde trotzdem
afrikanisch
sein
auch wenn ihr
mich gerne
deutsch
haben wollt
und werde trotzdem
deutsch sein
auch wenn euch
meine schwärze
nicht paßt
ich werde
noch einen schritt weitergehen
bis an den äußersten rand
wo meine schwestern sind
wo meine brüder stehen
wo
unsere
FREIEHEIT
beginnt
ich werde
noch einen schritt weitergehen und
noch einen schritt
weiter
und wiederkehren
wann
ich will
wenn
ich will
grenzenlos und unverschämt
bleiben

[für Jacqueline und Katharina, 1990]

gegen leberwurstgrau – für eine bunte republik
talk – talk – show für den bla – bla – kampf

zu besonderen anlässen
und bei besonderen ereignissen
aber besonders
kurz vor
und kurz nach den wahlen
sind wir wieder gefragt
werden wir wieder wahrgenommen
werden wir plötzlich angesprochen
werden wir endlich einbezogen
sind wir auf einmal unentbehrlich
werden wir sogar
eingeflogen
auf eure einladung versteht sich
als »liebe ausländische mitbürgerInnen«
ohne bürgerrechte natürlich
als migrantinnen
aus aller herren länder
als experten in Sachen rassismus
als »betroffene«

zusammen mit aktivistInnen und politikerInnen
mit prominenten und engagierten
diskutieren analysieren debattieren wir
über
forderungen protestaktionen appellationen
in diskussionen hearings talkshows
auf dem podium im forum oder plenum

und dann – was dann

die forderungen
werden sauber
aufgelistet
die listen
werden sauber
abgeheftet
und sicherlich
und zuverlässig
an die entsprechenden stellen
mit den wirklich
zuständigen leuten
weitergeleitet

und dann – was dann

die show ist aus
wir gehen nach haus

die engagierten fühlen sich erleichtert – zum teil
die betroffenen fühlen sich verarscht – total

die »lieben ausländischen mitbürgerlnnen«
weiterhin ohne bürgerrechte versteht sich
sind wieder die »kanacken« von nebenan
die schwarzen- oder wie auch immer
bindestrich-deutschen
sind wieder die »neger«
von ganz weit weg
wir sind wieder diejenigen
die die weißmacher der geschichte
schon gestern über- sahen
oder ent- deckten
beschrieben definierten belehrten

in gebrochenem d/eut/sch
auf der straße
oder in höchst abstrakten studien
v-e-r-w-i-s-s-e-n-s-c-h-a-f-t-l-i-c-h-s-t-e-r sprache
stets wird uns geduldig erklärt
wo es langgeht
warum
INTEGRATION
groß geschrieben wird
warum und wie
wir unterdrückt sind
warum und wie und wann
wir uns befreien müssen
warum und wie und wann und wo und überhaupt

das braucht nicht viele worte
und nicht viel platz
nein
wirklich nicht

die links alternative tageszeitung – die sogenannte
braucht z.b. nur etwa zwei seiten für internationales
im vergleich zu etwa sieben seiten für deutsch-deutsches
die sogenannte boulevardpresse
zitat: »deutschland in freiheit das ist unser auftrag«
schafft ihn noch schneller
noch kürzer
noch prägnanter
noch spannender
den
nord-süd-monolog

das braucht nicht viele worte
nein wirklich nicht
deshalb werden wir auch so selten gefragt
außerdem ist eh kein platz
wobei wir natürlich weiterhin unentbehrlich sind
zumindest bei besonderen anlässen
oder bei besonderen ereignissen
ganz bestimmt aber
kurz vor den nächsten wahlen
wird man sich wieder an uns erinnern
müssen wir unbedingt wieder dabei sein
dürfen wir wieder betroffenheit bekunden
müssen es sogar
sollen sogar
forderungen formulieren
und so richtig auf die pauke hauen
oder wenigstens ein lied singen
gegen leberwurstgrau für eine bunte republik

jedoch
die »lieben ausländischen mitbürgerInnen«
obwohl oder weil
noch immer ohne bürgerrechte
schmücken sich für ihre eigenen feste
und auch die schwarzen-
oder sonstwie bindestrich-deutschen
kommen nicht mehr weil sie eingeladen werden
sondern nur noch
wenn sie selber wollen
sie werden langsam frech
so 'n pech
ein glück!

[für Tina, Gülçen, Yara und Nita, 1990]

73

exotik

nachdem sie mich erst anschwärzten
zogen sie mich dann durch den kakao
um mir schließlich weiß machen zu wollen
es sei vollkommen unangebracht
schwarz zu sehen

[1985]

aus dem rahmen

ich male dir
ein dunkles gedicht
für dein weißes
gesicht
mit einem rahmen
aus dem du
           fällst
so wie ich
auf neuen boden
ich male wort
für wort
dir
SCHWARZ
vor augen und ohren
ein dunkles gedicht
fürchte dich nicht
bleichgesicht

ich bin's

[für Björn und Markus, 1986]

deutschland im herbst

es ist nicht wahr
daß es nicht wahr ist
so war es
erst zuerst dann wieder

so ist es

kristallnacht:
im november 1938
zerklirrten zuerst
fensterscheiben
dann
wieder und wieder
menschenknochen
von juden und schwarzen und
kranken und schwachen von
sinti und roma und
polen von lesben und
schwulen von und von
und von und von
und und

erst einige dann viele

immer mehr:
die hand erhoben und mitgemacht
beifall geklatscht
oder heimlich gegafft
wie die
und die
und der und der
und der und die
erst hin und wieder
dann wieder und wieder

schon wieder?

ein einzelfall:
im november 1990 wurde
antonio amadeo aus angola
in eberswalde
von neonazis
erschlagen
sein kind kurze zeit später von einer
weißen deutschen frau
geboren
ihr haus
bald darauf
zertrümmert

ach ja

und die polizei
war so spät da
daß es zu spät war
und die zeitungen waren mit worten
so sparsam
daß es schweigen gleichkam
und im fernsehen kein bild
zu dem mordfall

zu dem vorfall kein kommentar:

im neuvereinten deutschland
das sich so gerne
viel zu gerne
wiedervereinigt nennt
dort haben
in diesem und jenem ort
zuerst häuser
dann menschen
gebrannt

erst im osten dann im westen
dann
im ganzen land

erst zuerst dann wieder

es ist nicht wahr
daß es nicht wahr ist
so war es

so ist es:
deutschland im herbst
mir graut vor dem winter

[1992]

blues in schwarz weiss

endscheidung

wiederholung
droht
mich an sie
zu gewöhnen
angst
vor neuem
hinter grenzenloser
geduld
fortgehen oder bleiben
fragt
die feigheit

[für Nils und Sven, 1984]

freundinnen und freunde

für mich bist du einfach du
      vielleicht stimmt es doch daß Schwarze ...

ich finde gut was du machst
      warum sie bloß pädagogik studiert...

daß du immer so gut gelaunt bist
      wenn sie nicht so viel lachen würde ...

damit hast du vollkommen recht
      andererseits so empfindlich ...

du weißt du kannst mir vertrauen
      sag's nicht wenn sie dabei ist...

ich verteidige dich immer
      sie ist nun mal so ...

   das ist ernst gemeint

[1984]

schwarz weiss monolog

du siehst
mich hinter
deiner pocket kamera
erinnerungen aus ostafrika
und das
was du gelesen hast
darüber
bereit es auf mir abzuladen

»die massai bewundernswert
ihr lachen und trotz
der hungerbäuche
sind die kinder glücklich«

den letzten urlaub
hast du
dort verbracht
und willst
mich
tanzen sehen
damit die bilder wieder
greifbar werden

ich schau dich an
und in die ferne
in die vergangenheit
vor und zurück
suche
nach einem grund
dich
SCHWESTER
zu nennen

[für Gladwell, 1989]

freiheit der kunst

wortäußerungen
zweier autorinnen
in sprachlich leicht veränderter
und inhaltlich getreuer fassung

Frau K.:

> für sie
> mag das wort
> »neger« oder »mulatte«
> eine beleidigung sein
> ich bin nicht ihrer meinung denn
> ich habe es nicht so gemeint

> für mich klingen solche worte
> melodisch und klassisch
> greifbar sinnlich statt unnahbar sachlich

> meine kreativität bleibt mir von kritik unberührt
> ich habe mich noch nie für etwas geniert

> einer meiner texte heißt
> »ausländer rein«
> ich kann also nicht
> rassistisch sein ...

Frau S.:

ich bin enttäuscht wie wenige westverlage
interesse für ostdeutsche autorinnen haben

die publizieren nur ihre eigenen sachen
oder bücher von ausländern und von mulatten
das ist nicht nur vernachlässigung
das ist auch betrug
wir sind scheinbar
nicht exotisch genug ...

[1992]

künstlerische freiheit

alle worte in den mund nehmen
egal wo sie herkommen
und sie überall fallen lassen
ganz gleich wen es
trifft

[für Ilona und Erich, 1992]

aufruf zum boykott

united colors
wirbt nicht mehr nur
mit wohlstandskindern
aller farben und kontinente für
eine welt
erlesener kostbarkeiten
in der die
gut leben
die sie den anderen nehmen

verkauft
jetzt auch mit jungen und alten
klagenden bäuchen unter
hungrigen blicken
dieselbe welt
der leeren versprechen
in der ungleichheit exotik
bedeutet und gerechtigkeit
werbe- und geschäftsschädigend wäre

für united colors
und andere hyänen

AUFRUF ZUM BOYKOTT

[für Kingsley, 1992]

am anderen ende der revolution

kaffeetrinken
im entsetzen
über mord und täglichen tod
plaudernd

hoffnung und zorn
wachsen
zu
jute-statt-plastik-aktionen

kaffee aus nicaragua
und tanzania und
keine früchte
aus südafrika

wir tun
was wir können
wo
man uns läßt

und während sich
politiker
in
affären verwickeln
und
aufrüstend
zu anstand und ordnung
ermahnen

werden
die wenigen
rebellinnen
als terroristinnen
verbrannt

am rande des wahnsinns
türmt sich der tod

der blick in die tasse
versucht eine drohung
wenn es noch schlimmer wird
werden wir anfangen
steine
zu schmeißen

[für Nii, 1986]

blues in schwarz weiss

während noch immer und schon wieder
die einen
verteilt und vertrieben und zerstückelt werden
die einen
die immer die anderen sind und waren und
    bleiben sollen
erklären sich noch immer und schon wieder
die eigentlich anderen
zu den einzig wahren
erklären uns noch immer und schon wieder
die eigentlich anderen
den krieg

es ist ein blues in schwarz-weiß
$^1/_3$ der welt
zertanzt
die anderen
$^2/_3$
sie feiern in weiß
wir trauern in schwarz
es ist ein blues in schwarz-weiß
es ist ein blues

das wieder vereinigte deutschland
feiert sich wieder 1990
ohne immigrantInnen flüchtlinge jüdische
    und schwarze menschen
es feiert im intimen kreis
es feiert in weiß
doch es ist ein blues in schwarz-weiß
es ist ein blues

das vereinigte deutschland das vereinigte europa
   die vereinigten staaten
feiern 1992
500 jahre columbustag
500 jahre – vertreibung versklavung und
   völkermord
in den amerikas
und in asien
und in afrika

$1/3$ der welt vereinigt sich
gegen die anderen $2/3$
im rhythmus von rassismus sexismus und antisemitismus
wollen sie uns isolieren unsere geschichte ausradieren
oder bis zur unkenntlichkeit
mystifizieren
es ist ein blues in schwarz-weiß
es ist ein blues

doch wir wissen bescheid – wir wissen bescheid
$1/3$ der menschheit feiert in weiß
$2/3$ der menschheit macht nicht mit

[1990]

berührung

jerusalem

historische mauern
diskotheken kriegsmahnmale
wunden sich spiegelnd
in lautlosen blicken

gesichter

und sichtbar
die heiligen stätten
prächtige
kirchen synagogen moscheen

und in engen gassen
zwischen
glaube und zweifel
stinkendes fleisch
und feilschende
kinder

heilige stadt
mit tausend gesichtern
sich spiegelnd in
lautlosen blicken

und

von schillernden farben
geblendet touristen
im schatten
stählerner helme

[für Hasi und Vivet, 1978]

berlin

zig zag

enthauptet
behauptet
hauptstadt

zag

unter geteiltem himmel
ein altes gesicht
renoviert

frisch poliert
in neue falten gelegt

krämerläden gehen pleite
schickeria promeniert
am kudamm
nun erst recht
in kreuzberg

hauptstadtflair
designermode
schmucke nasen augenbrauenringe
abgeschminkt und aufgetakelt
tätowiert

zig zag

let's go west
jetzt auch im osten
old mcdonald

zag
überall
zig zag

ausgebaute dachgeschosse
blank geputzte hinterhöfe
nur die hundescheiße
bleibt
allseits und
unberührt

berlin berlin

zig zig
zag

die mauer links und rechts
die trabis hier und dort
besetzte häuser
schon legende

zag zag
zig zag

techno zeiten
architekten
zeichnen im takt

zig zag
zigmal
zig
zigmal
zag

vereinigt
ost und west

schachmatt
zig zag

hauptsache
hauptstadt
zag

[für Christine und Vusi, 1994]

oktoberfest

in der schwarz rot goldenen
herbsteszeit
leuchten die birnen
weit und breit

dann schreiten wir
alle vier jahre
zur wahl
und wählen wahllos unser oberstes
wahlroß

der ernte sei dank

in diesem jahr war es
wieder so weit und
keinerlei qual
bei der wahl

nur eine
einzig' birne
leuchtete
weit und breit
und es war wirklich wahr
es war leicht
mit dem volksentscheid

deutschland
bewies tradition
und wählte wieder
denselben sohn
mit dem lieblichen namen
»helmut«

der ernte sei dank

böse zungen sagen
in birnen da stecke der wurm drin
und augenzeugenberichten
zufolge sei das kein witz

in der schwarz rot goldenen
herbsteszeit
schon bald keine birne mehr
weit und breit?

na dann: prost!

[Für Sabine und Günter, 1994]

bitte bosnien herzegowina krieg

bosnien herzegowina
krieg

bitte eine mark
nur
eine mark
bosnien herzegowina

ein dünnes mädchen
quetscht sich
von tisch zu tisch

eine mark bitte
bosnien herzegowina
bitte
eine mark

es spricht mit klarer
stimme eindringlich
schaut es
unwirschen unwissenden
direkt ins gewissen

krieg
bosnien herzegowina
bitte
eine mark

manche gäste starren
in die speisekarte
andere auf besteck
und gläser
wieder andere
fixieren
leere stühle

bitte eine mark
bosnien herzegowina
krieg

jung ist das gesicht
des kindes
klein und ungewaschen

eine mark
bitte eine mark
nur
eine mark

die ausgestreckte hand
hat hornhaut auf
der innenfläche
und dunkle ränder
an den fingernägeln
sie bleibt leer

bosnien herzegowina
krieg

der kellner kommt

»nichts da bosnien
betteln herzegowina
– raus!«

empörte blicke
dort links
leise zurufe von rechts kopfnicken
die stimme des mädchens
verstummt
in diffusem geplapper

und dem lärm
klappernder teller und tassen

mak
nie herz krieg

mak
nie krieg

nur
bitte herz

bitte

herz

bitte

[1994]

im exil und hiv positiv

YOLISWA
dieses gedicht ist für dich
und die vielen die oft
alleine kämpfen
und unbemerkt
sterben
die selten gefeiert werden
und doch unvergeßlich
bleiben

YOLISWA
nicht nur in südafrika
drohte rassistischer mord
auch hier in deutschland
deinem letzten zufluchtsort

zurück
konntest du nicht
ohne ausweispapiere
ohne kontakt mit
deiner familie

du hast unzählige briefe
geschrieben
niemand war anzutreffen
niemand war aufzufinden
binationaler behördenkrieg
interkulturelles schicksal

dann kam ein anruf
aus südafrika
von deiner schwester
es ist wirklich wahr
YOLISWA! -
du warst noch nicht tot aber

YOLISWA? –
schon bewußtlos

die nachricht
kam bei dir
nicht
mehr
an

wieviele male
schon bist du
vor deinem tode
gestorben
in 17 jahren apartheid
und 16 jahren exil

YOLISWA
wir haben deinen leichnam
nach hause geflogen
in einem sarg
aus berlin

selbst als du schon gestorben warst
hat niemand zu sagen gewagt
daß es nicht zuletzt
die hirnhautentzündung
sondern zuerst der aidsvirus
war

YOLISWA
heute sprechen manche es aus
spät
nach deinem traurigen tod
vielleicht früh genug
für jemand anders von uns

aids kam nicht
aus afrika

YOLISWA
das haben wir immer gesagt
das glauben wir noch
und es stimmt auch

du bist aus afrika
YOLISWA
gestorben an der krankheit
die nicht wir erfunden haben
und die auch uns tötet
besonders in afrika

rückkehr aus dem exil
ein alptraum wird wahr
YOLISWA fliegt nach hause
in einem sarg

schau deine tochter
YOLISWA
hat dein gesicht
sie ist 17
und sah dich
16 jahre nicht

YOLISWA
1960 in durban geboren
mit 33 jahren in berlin
einsam
an aids gestorben

einsam –
heute sprechen manche es aus
spät
nach ihrem traurigen tod
vielleicht früh genug
für jemand anders von uns

[1994]

berührung

ich ahnte immer daß es dich gibt
auch wenn ich auf ästen der einsamkeit
tränen rollte
und gerade dann –
ich ahnte es
ich weiß es

[für Dagmar, 1985]

community

yaa asantewa* und sojourner truth*
anton wilhelm amo* und rigoberta menchú*
steven biko* und marcus garvey*
malcolm x* und mahatma gandhi*
titewhai harawira* und yoliswa ngidi*
dies sind nur einige namen für viele

community!
comme si comme ça
community!

ob im norden oder süden der amerikas
oder asien und europa oder afrika
längst schon tot oder noch lebendig
unselbständig oder unabhängig
es gibt sie hier und da und überall
menschen
manche weiß die meisten schwarz
menschen
die UNS glücklich machen
menschen die was schaffen
die es wirklich schafften

community!
comme si comme ça
community!

die apartheid ist tot doch wird nicht vergessen
unterdrücker haben selbsternannt im amt gesessen
manche davon feiern sich nun selber als befreier
doch die wahrheit verbirgt nicht einmal
der größte schleier
der verlogenheit
der glückseligkeit
oder aber auch

ein nobelpreis
in südafrika
war zum erstenmal
1994
allgemeine freie wahl
300 jahre
herrschaft – 300 jahre widerstand
jetzt
regiert
ein präsident
den die welt
rechtmäßig anerkennt

community!
comme si comme ça
community!

ob im norden oder süden der amerikas
oder asien und europa oder afrika
rassismus war und ist nicht reformierbar
zwischen recht und unrecht ist nur scheinbar
ein kleiner unterschied

community!
comme si comme ça
community!

entrechtete hat unrecht oft korrupt gemacht
gewalt angst elend konkurrenz und macht
viele haben andere umgebracht
und leben
wo der tod ein ende hat
andere sind unschuldig gestraft
leiden sterben irgendwo
im knast allein im krankenhaus
im alters- oder kinderheim allein
im krieg und in der psychiatrie
allein in der community

comme si comme ça
community?

ob im norden oder süden der amerikas
oder asien und europa oder afrika
es gibt sie hier und da und
überall
auf dem land und in den städten
in baracken und in villen
frauen männer und die kinder
die laut singen
und frei lachen
feiern kämpfen sprechen schweigen
leben sterben hoffen leiden
viele schwarz und manche weiß
menschen
für den frieden in der welt
menschen
manche weiß die meisten schwarz
menschen für den frieden in der welt
community

CommUnitY
COMMUNITY
COMMUNITY!

[für Luyanda, 1994]

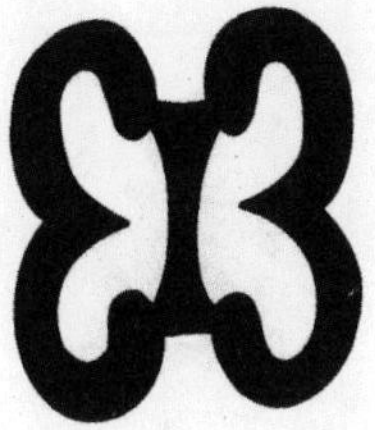

himmlisch

zehntausendmal

ich habe dir schon tausendmal gesagt
setz dich vernünftig hin und
nimm die finger aus der nase

also wenn man nicht alles selber macht
mir scheint
ich predige zu tauben ohren

herrgott im himmel
hör endlich auf mit der verdammten hampelei
kannst du nicht ein mal
zehn sekunden still sitzen
muß ich erst wieder schreien

na bitte
da haben wir den salat

das darf doch nicht wahr sein
ich stelle mich doch wohl nicht
den ganzen tag in die küche
und koche
damit du mit der gabel
auf dem teller
herumstocherst

in unserer familie
wird gegessen was
auf den tisch kommt
und wer schmatzt wie ein ferkel
der braucht überhaupt nichts zu essen

habe ich mich jetzt klar und deutlich ausgedrückt
scheinbar nicht
undankbares volk

andere menschen wären froh
über jede kleine mahlzeit
von den armen kindern in afrika
mal ganz zu schweigen

ruhe jetzt

beim essen wird grundsätzlich
nicht gesprochen und
du brauchst gar nicht so blöd zu grinsen

müßt ihr schon wieder zanken
haltet doch bitte die luft an

keine widerrede

so mein freundchen
jetzt habe ich aber
die faxen dicke
das habe ich mir jetzt lange genug
mitangesehen

bei so vielen fisimatenten bekommt man ja
die pimpanellen

ich habe dir schon tausendmal gesagt nein
nein
nein
und
nochmals
nochmals
nein

ich sage es jetzt nicht
noch einmal

nein!

[für Anke und Regina, 1992]

betrifft: bewerbung

ich heiße
soundso
komme von hier und dort und
arbeite dies und das

anbei
die bescheinigung über
abgeschlossenes dingsdabums

falls sie noch fragen haben
oder ihnen
etwas fehlen sollte
wenden sie sich
an irgendwen
bitteschön
nirgendwo

danke sehr

[für Doris und Erika, 1993]

hochgestochene frage

jesus
wer war das bitte
fragte eine chinesin
verdutzt in einem deutschkurs

da lachten die einen
höflich die anderen
schallend
da waren sie alle

verblüfft

über sich selbst

[für Achim und Werner, 1992]

himmlisch

aus allen wolken
schauen mit engelsgeduld
die verstorbenen
auf das elend der erde
herab

die im ersten himmel
sind am nächsten dran
sie waren die letzten die gingen
und wollen nun erste sein
doch gelingt ihnen selten
ein mächtiges donnern
meist pfurzen sie nur
dann gibt's wind

die im zweiten himmel
sind weniger stumm
über so viel menschliche
unvernunft
die einst ihre eigene war
sie lächeln besonnene lächeln
und gröhlen grunzende lacher
und blasen mit prallen wangen
die wolken auf
und voran

im dritten himmel
baden sie drin in den wolken
und malen sie an

im vierten himmel
lassen die lieben
ihre eingebungen und ausdünstungen
auf die nachwelt hernieder

es riecht dort unglaublich
zufrieden

im fünften himmel
zünden sie blitze an
und beizeiten den regenbogen
sie verschieben gestirne am himmel
und sorgen wenn's sein muß
für wunder

im sechsten himmel
ist meist nicht viel los
da schert sich kaum jemand um
oben und unten
da frohlocken sie bloß

im siebenten himmel
ist es hellblau und still
kein blitz kein donner kein wind
nicht einmal wolken
nur göttin und gott nur
sonne und mond

von dort ist die erde
nicht mehr zu sehen
drum ist es dort
wunder wirklich wunderschön
richtig himmlisch

[für Hedwig und Reuben, 1992]

nachtrag

zwickmühle

zufällig
selbstgelegte zwingen
die uns
als
irgendwelche zwänge
zwangsläufig
in
zugzwang zwingen

[für Alfred und Reinhard, 1985]

schwester

warum durchbohrst du mich
mit deinen blicken
warum willst du alles verstehen

den schmerz
hinter meinem lachen
anfassen

die müdigkeit
in meinen augen
befühlen

die furchen
auf meiner stirn
zählen

die narben
unter meiner haut
betrachten

warum willst du deine kalten hände
um mein zitterndes herz falten

wir sind schwestern
    du und ich

wir sind schwestern

[für Diane, 1991]

nachtrag

ich hätte dir so gerne
ein gedicht geschrieben
es dir von hand zu herz gereicht
dir auf den mund geküßt
und in dein lachen

ich hätte dir so gern gesagt
ich liebe dich
will dich begleiten
wenn auch nicht um jeden preis
ich will
DICH
glücklich machen

ich hätte dir noch gern gesagt
du tust mir weh
mit all den schönen worten
die doch nur lüge sind
zu oft gesprochen
an zu vielen orten austauschbar
wie ich
für dich

ich hätte dieses mal so gerne
ein gedicht geschrieben
das nicht
das nicht von abschied spricht

[1990]

kaspar

kasper? kaspar!

ich esse brav den teller leer
den löffel hab ich noch
aus kindheitstagen

ein happen
für die sonne
zwei für den mond
drei für die unvernunft
vier gegen die einsamkeit
fünf gegen die feigheit
sechs für die liebe
sieben gegen die schläge
acht für den regenbogen
neun gegen erniedrigungen
zehn für die freiheit

ich esse deine suppe nicht
nein
deine suppe schmeckt mir nicht

keine flecken mehr auf deine matratze
auf der dreimal die woche
des nachts
jeweils eine andere
schläft

ein löffel für alle
kein löffel für gar nichts

keine rechtfertigungen und erklärungen mehr
daß es gar nicht
das bedeutet
was ich denke

weil dir die eine zu jung ist
die andere zu weiß
die dritte zu deutsch
viel zu unpolitisch
allesamt

ene mene miste
es rappelt in der kiste

keine täuschungen mehr und keine versprechen
von einem mühsam abgerungenen »ich liebe dich«
umrahmt
für klärende gespräche
die nicht stattfinden weil
ich dir bereits verziehen habe oder weil
wir nicht immer über
probleme
meine probleme
sprechen
wollen können müssen
zeit haben
hatten

dreht euch nicht um
denn der plumpsack geht herum

keine vorschläge mehr
wie wir was
irgendwo irgendwie ändern können
damit ich mich
demnächst irgendwann wieder
besser fühlen werde
und damit du
endlich kein schlechtes gewissen mehr
haben mußt haben wirst
hättest

eins zwei drei vier eckstein
alles will versteckt sein

der teller ist fast leer:
noch ein happen
für sonne und mond
für die liebe
und gegen die feigheit
und dann
die freiheit

s c h l
u ß a
u s b a
s t
a

schluß aus basta!

[1992]

aufbruch

die sterne
in meiner nacht
sind silberne lachtränen
zu allem bereit

[für Barbara, 1985]

nachwort

alleine
hätte ich den weg
niemals hierher gefunden
dessen bin ich mir bewußt

viele haben mich begleitet
manche haben mich sogar getragen

durch liebe wut und mut
bin ich gewachsen
kann mich frei bewegen

schwächen zeigen
tränen

lachen
kann witze machen

fehler verlernen
unwissen

ich kann
konkurrenz und neid
erkennen und
verkraften

nicht immer
aber immer öfter

schmerz und freude teilen
ohne alle
die mir treu zur seite stehen
standen

ganz alleine
hätte ich den weg niemals geschafft
geschweige denn jemals hierher
zu dir zu euch zu mir
gefunden

für die kritik und die geduld
den optimismus und verdruß

für alle
die mir je zur seite stehen
standen

tausend dank
und einen
dicken

kuß!

[1994]

Glossar

Afrekete
bezeichnet hier die westafrikanische Gottheit Eshu (Exu) oder Elegba (Legba), die doppelgeschlechtliche Trickster-Gottheit, Verwandlungs- und Sprachkünstlerln, die die Zeichen und Gesetze der Schöpferin der Welt, Mawu-Lisa übersetzt. Mawu verkörpert das weibliche und Lisa das männliche Prinzip.

Anton Wilhelm Amo
Zu Beginn des 18. Jahrhunderts in Asante im heutigen Ghana geboren und von einer holländisch-westindischen Sklavenhandelsgesellschaft an einen deutschen Herzog geschenkt. Amo studierte als erster Afrikaner/ Afro-Deutscher an der Universität Halle und promovierte 1729 mit einer juristischen Arbeit über Schwarze in Europa. In der Folge wurde er ein bedeutender Philosoph. Als er, verfolgt von deutschen Rassenideologen, im Jahr 1743 nach Ghana zurückging, geriet er dort erneut in die Gewalt von Sklavenhändlern und wurde von ihnen umgebracht.

Yaa Asantewa
1845 im heutigen Ghana geboren. Anführerin des letzten Aufstands der Aschanti gegen die britischen Kolonialherren. Die Aschanti-Armee konnte erst nach mehreren Jahren von den Briten zerschlagen werden.

Steven Biko
1946 in Südafrika geboren. Begründer und führender Theoretiker des Black Consciousness Movement (BCM) Südafrikas, das sich formierte, um der Unterdrückung durch weiße Herrschaft unbeugsames Schwarzes Bewusstsein und kompromisslosen Widerstand entgegenzusetzen. Steven Biko wurde, wie viele andere Schwarze Aktivistinnen, für sein Engagement im Befreiungskampf angeklagt, inhaftiert und 1977, im Alter von 31 Jahren während eines Gefangenentransports ermordet.

Léon-Gontron Damas
wurde am 23.3.1912 in Cayenne (Französisch Guayana), in der Karibik geboren. Er studierte Jura und gehörte mit Leopold Sedar Senghor und Aime Césaire zu den Begründern der Dichtung der »Négritude«, einer kulturphilosophischen und literarischen Bewegung Schwarzer Intellektueller, die im Paris der 30-er Jahre entstand und sich gegen die Kolonisierung des Bewusstseins und für die Wertschätzung afrikanischer Identität aussprach. Damas nahm als erster afrikanische Tanzrhythmen in seine Lyrik auf. Er starb am 22.1.1978 in Washington.

Mahatma Gandhi

Mohandas Karamchand, 1869 in Indien geboren, studierte Jura in London, wurde nach 1893 zum politischen Führer der Inder in Südafrika und führte später in Indien den waffenlosen Kampf gegen die koloniale britische Herrschaft an. Er bemühte sich um die Versöhnung von Hindus und Muslimen und engagierte sich für die Rechte der Parias in der indischen Gesellschaft. Für sein umfassendes Engagement erhielt er den Ehrentitel >Mahatma< (Große Seele). Gandhi verbrachte 2089 Tage seines Lebens in Gefängnissen. 1948 wurde er in Neu-Delhi von einem Inder erschossen.

Marcus Garvey

wurde 1887 in Jamaica geboren. 1914 gründete er die Universal Negro Improvement Association (UNIA) zur Verbesserung der Situation von Menschen Schwarzer Herkunft, mit der Überzeugung, dass alle Schwarzen eine Nation bilden, egal ob sie auf dem Kontinent Afrika oder in der Diaspora leben. Marcus Garvey proklamierte die Rückkehr von Schwarzen aus den USA und der Karibik nach Afrika. Er starb 1943.

Titewhai Harawira

ist Mutter, Großmutter und langjährige Aktivistin in Aotearoa, dem Land der langen weißen Wolke, eher bekannt als Neuseeland. Titewhai Harawira kämpft für die Rechte ihres Maori-Volkes, so z.B. für das Recht auf eigene Sprache und Kultur sowie gegen die atomaren Versuche und Experimente im Pazifik, aufgrund derer schon viele Menschen Gesundheit und Leben verloren.

Martin Luther King

1929 in Atlanta/USA geboren, Theologe und Pastor, seit Mitte der 50er-Jahre Kämpfer für die Bürgerrechte der Schwarzen in den USA. King leitete eine gewaltlose Kampagne des zivilen Ungehorsams zur friedlichen, aber systematischen Verletzung des Rassentrennungsgesetzes im Süden der USA ein. Der erste Erfolg war 1956 die Aufhebung der rassistischen Sperre in den öffentlichen Verkehrsmitteln von Montgomery/Alabama. 1964 erhielt Martin Luther King den Friedensnobelpreis. 1968 wurde er von einem weißen Rassisten in Memphis/Tennessee erschossen.
»Ich habe einen Traum, dass eines Tages meine vier Kinder nicht nach ihrer Hautfarbe, sondern nach ihrem Charakter bewertet werden« (Martin Luther King 1963 am Lincoln Memorial in Washington).

Ana Herrero-Vilamor

war 22 Jahre alt, als sie im November 1992 in ihrer Wohnung tot aufgefunden wurde, Ana war afro-spanischer Herkunft und in Deutschland aufgewachsen. Sie engagierte sich in der Schwarzen Community Berlins und in der Initiative Schwarze Deutsche (ISD).

Audre Lorde (Gamba Adisa)

eine der bedeutendsten Schriftstellerinnen und Dichterinnen der USA, wurde 1934 als Tochter westindischer Eltern in New York geboren. Sie war seit den 60er-Jahren in der Schwarzen Bewegung und der Frauenbewegung aktiv. 1984 kam sie für eine Gastprofessur nach Berlin und gab in dieser Zeit wichtige Impulse zur Entstehung einer afro-deutschen Bewegung. Vierzehn Jahre lang hat Audre Lorde mit Krebs gelebt und gegen ihn gekämpft. Die Prognose der klassischen Schulmedizin hat sie um neun Jahre überlebt. Sie starb am 17.11.1992.

Rigoberta Menchú

1959 in Guatemala geboren, ist eine Indigena, die für die Armen und Entrechteten ihres Volkes kämpft. Ein Kampf, für den ihre Familie bereits ihr Leben geben musste; ihr Bruder wurde 16-jährig vor den Augen der Familie und der Dorfbevölkerung gefoltert und bei lebendigem Leibe verbrannt. Der Vater wurde 1980 zusammen mit anderen Campesinos ermordet, als Militär die von ihnen in einer friedlichen Aktion besetzte spanische Botschaft in Guatemala-Stadt stürmte. Die Mutter war im gleichen Jahr im Gefängnis von Soldaten vergewaltigt und zu Tode gefoltert worden. 1981 flüchtete Rigoberta Menchú nach Mexico, wo sie u.a. als Vorsitzende der von ihrem Vater gegründeten Bauernvereinigung die politische Arbeit gegen das herrschende Regime aufnahm. Sie erhielt 1992 den Friedensnobelpreis.

Yoliswa Ngidi (Sithebe Nombuso)

war siebzehn Jahre alt, als sie 1977 Südafrika verließ und ins Exil ging. Flüchtlingslager in Swaziland, Mosambik und Tanzania waren Stationen, bevor sie 1986 in die DDR kam. Hier führte sie seit 1990 einen vergeblichen Kampf gegen deutsche und südafrikanische Behörden für ihre Rückkehr nach Hause. 1993 starb Yoliswa Ngidi in einem Berliner Krankenhaus, kaum jemand wusste, dass sie an Aids erkrankt war. Ihr Name steht für viele von uns, die oft alleine kämpfen, die kaum jemand feiert und die dennoch frei sein werden.

Sojourner Truth

wurde als Sklavin Isabella Bomefree um 1800 auf einem holländischen Anwesen in New York geboren. Nach hart erkämpfter Befreiung aus der Sklaverei gab sie sich selbst den Namen Sojourner Truth, denn sie betrachtete es als die ihr von Gott gegebene Mission, die Wahrheit zu verbreiten. Sie wurde eine berühmte Rednerin und Wanderpredigerin, engagierte sich kämpferisch in der Antisklaverei-Bewegung und hatte mit ihrer Kritik konstruktiven Einfluss auf die Frauenrechtsbewegung. Sojourner Truth starb 1876.

Malcom X (Malik El-Shabbazz)

wurde am 19.5.1925 als Malcolm Little in Omaha, Nebraska geboren. Nach dem gewaltsamen Tod seines Vaters im Jahre 1931 erlitt die Mutter einen psychischen Zusammenbruch und wurde 1934 in eine psychiatrische Klinik eingewiesen. Malcolm wuchs in einer weißen Pflegefamilie auf, auch seine Geschwister wurden der Fürsorge übergeben. Entmutigt durch rassistische Erziehung und Schulbildung, verließ Malcolm vorzeitig die Schule und versuchte, auf den Straßen des Ghettos zu überleben. 1946 bis 1952 verbrachte er im Gefängnis und wurde Anhänger der Nation Of Islam, eine Organisation der Black Muslims, die von Elijah Muhammad geführt wurde. 1963 gründete Malcolm X (das X symbolisiert den afrikanischen Namen, der in der Sklaverei durch einen Namen der weißen Herren ersetzt worden war) seinen eigenen Zusammenschluss, die Organization Of Afro-American Unity. 1964 reiste er zu einer Pilgerfahrt nach Mekka und nannte sich von nun an El-Hadji Malik El-Shabbazz. Am 21.2.1965 wurde er während einer Rede im New Yorker Audubon Ballroom erschossen.

Teil II

nachtgesang

gedichte

nachtgesang

ich warte nicht mehr
auf die besseren zeiten
schwarzblauer himmel über uns
silbersterne dran
hand in hand mit dir
den fluß entlang
bäume links und rechts
sehnsucht auf den ästen
hoffnung im herz

    ich räume mein zimmer auf
    ich zünde eine kerze an
    ich male ein gedicht

ich küsse mich
nicht mehr deinen körper entlang
durch deinen nabel hindurch
in deine träume hinein
meine liebe in deinem mund
dein feuer in meinem schoß
schweißperlen auf der haut

    ich ziehe mich ganz warm an
    ich zeichne die lippen rot
    ich spreche mit den blumen

ich lausche nicht mehr
auf ein zeichen von dir
hole deine briefe hervor
schaue deine bilder an
diskussionen mit dir
bis nach mitternacht
visionen zwischen uns
kinder lachen uns zu

ich mache die fenster weit auf
ich schnüre die schuhe fest zu
ich nehme den hut

ich träume nicht mehr
in einsame stunden
dein gesicht in die zeit
dein schatten ist nur
eine kalte gestalt

ich packe die erinnerung ein
ich blase die kerze aus
ich öffne die tür

ich warte nicht mehr
auf die besseren zeiten
ich gehe auf die straße hinaus
blütenduft auf der haut
den schirm in der hand
den fluß entlang
schwarzblauer himmel über mir
silbersterne dran
bäume
links und rechts
sehnsucht auf den ästen
hoffnung im herz

ich liebe dich
ich warte nicht mehr

[1992]

testament

ich weiß nicht
woher ich das weiß
ich weiß nur
daß ich nicht
alt werden werde

eine krankheit zerfrißt
seit langem mein herz

deshalb mein testament

rückblick

auskunft

meine heimat
ist heute
der raum zwischen
gestern und morgen
die stille
vor und hinter
den worten
das leben
zwischen den stühlen

[25.2.1995]

mama und papa

lange nicht gesagt

klingt ausgesprochen
komisch
fast traurig

lange nicht gesehen

läßt schweregefühl
auf der zunge
im herzen
ein loch

lange nicht gesagt

hart wie marmor
grau wie pappe

lange nicht gesagt   lange nicht gesehen

kalte sehnsucht

sein oder nichtsein

in deutschland großgeworden habe ich gelernt, daß
afrikaner
stärker transpirieren, das arbeiten
nicht so gewohnt sind
auf einer anderen entwicklungsstufe stehen,
    manche sagen auch:
    die stinken, sind faul, primitiv

in deutschland großgeworden habe ich gelernt, daß
rückständigkeit schon von außen
              und von weitem
erkennbar ist:
an der hautfarbe, dem kopftuch, der beschneidung,
dem islam, dem analphabetismus, dem nomadentum,
dem körperbau, der gangart, den sprachlauten
und daß
man/frau
was tun muß! retten muß! bewundern muß!

in deutschland großgeworden habe ich gelernt, daß
mein name
          »neger(in)« heißt
und die menschen
          zwar gleich, aber verschieden sind
und ich in gewissen punkten etwas überempfindlich bin.

in deutschland großgeworden habe ich gelernt,
zu bedauern
schwarz zu sein, »mischling« zu sein, deutsch zu sein,
nicht deutsch zu sein, afrikanisch zu sein,
nicht afrikanisch zu sein, deutsche eltern zu haben,
afrikanische eltern zu haben,
exotin zu sein, frau zu sein.

in deutschland großgeworden, bin ich unterwegs
weg vom: hautfarbesein, nationalitätsein,
religionsein, parteisein,
großsein, kleinsein, intelligentsein, dummsein,
sein oder nichtsein
auf dem weg zu mir
auf dem weg zu dir

[1983]

zwischen avenui und kreuzberg

wir treffen uns immer
in der ferne
zwischen
avenui und kreuzberg
unter einem alten
walnußmangobaum

TOGBE
lächelt
er wartet auf mich
in seinen händen
eine schale fufu
randvoll

für ihn
bin ich enkelin
MAWULI

ich bringe obst
und gemüse
für den nachtisch
rühre ich quark
ich freue mich

ja

auch sein sohn
mein vater ist da
ißt mit uns
gehört dazu
er hört zu

TOGBE
lehrt mich geduld
und verständnis
er sorgt sich um mich

erzählt von ghana
von den träumen
der ahnen von denen
mit zweitem gesicht

er lächelt
während er spricht

ich
antworte seinen fragen
gebe gedanken an ihn
bilder aus berlin
ich erklär ihm
»die szene«
die mich in kreuzberg
umgibt

wir lachen viel
 er und ich

zwischen
avenui und kreuzberg
unter einem alten
walnußmangobaum
im gedankengestrüpp
in der ferne
– im traum –

[für meinen Großvater (†1993), 1993]

mama

sag mama
wie war das damals für dich
als du mich holtest
mit eineinhalb jahren
sag warst du
froh über mich

sag und wie
war das mit mir auf der straße
weiße mutter und schwarzes kind
war das schlimm
und schön
immer in der mitte zu stehen

sag mama
warum hast du mich
so oft und so hart geschlagen
nur weil ich ins bett machte
noch mit zwölf jahren
glaubtest du wirklich
ich will dir nur schaden

und mama
nach jahren der trennung
plaudern wir nun
dabei gäbe es so viel zu sagen
das gedicht in der tasche
schweig' ich vor dir
und ich wünschte
du würdest was fragen

das nervenkostüm

es ist hübsch häßlich
und aus den 60er jahren
damals war es pflegeleicht
und strapazierfähig
faltenfrei und es benahm sich
unauffällig

ich bekam es mit der geburt
ausgehändigt

leider war es nur
kurz und selten
ausschließlich für mich
schon bald machten sich
alle darüber her
und darüber lustig

jahrelang
zerrten vor allem
eltern und lehrer daran
mit guten vorsätzen
und ungeduld
kappten sie
die einsamen spitzen

als sie
endlich locker ließen
hängten sich unbekannte
an meine rockzipfel

einige waren nett
und wurden freunde
doch die engsten von ihnen
waren die schlimmsten
nervtöter

manche freunde
sind bald wieder
fremde geworden
andere noch schneller
fremd gegangen

in den 70er jahren war
das leben relativ lustig
ich war zwar inzwischen
rundherum fransig
aber das war gerade modern
und im sommer luftig

zu beginn der 80er
ist das gebaumel abgefallen
und die ganze klamotte
ist löchrig und vor allem
haarig
geworden
ich redete mir sogar
den mund fusselig
bis niemand mehr
zuhören konnte

seitdem hat
sich nicht viel verändert
nur daß ich inzwischen
fast nackt
dastehe
einer der nervenaufreiber
hat mein kostüm
kürzlich total
ruiniert

falls sie
ein nervenbündel
entbehren könnten
wäre ich dankbar

falls ihnen
der letzte nerv
wie so vielen
geraubt wurde
teile ich meine
nervosität

[5.3.1995]

rückblick

das leben ist
wie ein langer
schmerzhafter
kuß
atmen
zwischen
geöffneten lippen
die zunge
zwischen
geburt und tod

[25.2.1995]

tagesthemen

exodus

regen fällt
in tränen vom himmel
menschen verlassen
das land
tragen taschen
und kinder
in knochigen händen
halten atemlos reste
von gestern
lebendig

manche schaffen
es nicht
in den tag
sterben oder
sind schon gestorben
auf halber strecke
zwischen
neulich und
niemals

vögel
ergreifen hastig
die flucht
blauschwarzes
wolkengeflatter

kein ort
nirgends versprochene
rettung nur
ein wechsel
der schatten
in zuckender
bald blutleerer
landschaft

zuweilen
unzählige leichen
in einzelnen
teilen
pf lan zen m e nsch en
und t ie re

trostlos
der anblick
für die
die noch leben
mit augen im kopf
die noch sehen

aasgeruch
parfum der verwesung
unerträglich
für die
die nasen haben
die riechen

es sind nicht mehr viele

exodus
ein aufbruch
ins nichts
ohne ankunft

[3.3.1995]

tagein tagaus

reklame schmückt
die u-bahn und
den bahnhof
kontrolleure
stehen da
– warten

menschen
eilen hin und her
»rauchen gefährdet die gesundheit«
steigen ein steigen aus
»miteinander leben in berlin«
gehen treppen
hoch und runter
kaufen ein
»zurückbleiben bitte«
gehn nach haus

ratten fressen
auf den gleisen
zwischen steinen
pommes mit ketchup
oder mayo
schülerpausenbrote
gibt es auch

frauen und manner
verlassen
in schäbigen mänteln
schlafen
auf bänken
träumen im erwachen
heben zigarettenstummel
sprechen lallend
schimpfen leise

lachen passanten
an und aus
manche haben blaugerahmte
augen oder rotgeschrammte nasen
einer weint
eine trinkt
einer raucht

sonn- und werktags
tag und nacht
die zeit
kommt
und vergeht

reklame schmückt
die u-bahn
und den bahnhof
kontrolleure
stehen da
– warten

»rauchen gefährdet die gesundheit«
ratten fressen pommes
eine weint
menschen eilen hin und her
die zeit vergeht

»miteinander leben«
manche sterben blau
rotgeschrammt
oder makellos

»Zurückbleiben bitte«

reklame schmückt
sonn- und werktags

[17.3.1995]

winter

bäume frieren
im wind
blattlos ängstlich

stöhnende äste
biegen wiegen
sträuben sich
unbemerkt

macht hoch die tür
die tor macht weit

schnee fällt
hernieder
weiße weihnacht
eiskalt

alles schläft
einsam wacht

eine dame
steht
hinter der tanne
am zaun

erst eins dann zwei
dann drei dann vier

öffnet
mit zitternden fingern
die mülltonnen
sucht findet
nichts eßbares

schneeflöckchen
weißröckchen

alter faltet
die haut
im grauen haar
tanzt die kälte

oh du fröhliche
oh du selige

taumelnd
fällt
jene dame
    wie war doch gleich
sie strauchelt
    ihr name
zu boden

still und starr
ruht der see

erfroren
oder hungers gestorben?

ihr kinderlein
kommet

gekühlt
liegt ein alter
magerer mensch
ohne mantel
im schnee

alle jahre
wieder

polizisten ermitteln
nachbarn sind ratlos

oh tannenbaum

winter
es weihnachtet
sehr

bäume kannten
die dame
die wußte und nannte
alle mit namen

leise rieselt
der schnee

unterhielt sich
sehr oft und sehr gerne
mit blättern
im wind

kling glöckchen
klingelingeling

es
weihnachtet
sehr

stöhnende äste
biegen wiegen
sträuben sich
unbemerkt

[1994]

sommer

meer rollt
am strand
hin und her
schäumend schwimmen
wellen an
land lassen
muscheln
zurück

manche singen
und rauschen
andere
schillern und
schweigen
im glanz des wassers
unversehrt
oder zerbrochen

algen liegen
im sand
und quallen
bierflaschen blechdosen
krebse
getrocknete sehnsucht

dazwischen
verschwitzte touristen
salzig und nackt
unter der sonne
geröstet
vorne
und hinten
ölig
von oben bis unten
urlaubstage
und mehr

[2.3.1995]

tagesthemen

herr und frau z.
essen pralinen
und sitzen
in wohnzimmersesseln

der nachrichtensprecher
hat ein neues toupet
frisch vom friseur

»guten abend
meine damen und herren«

ein gestreifter schlips
baumelt ihm bis unter die brust

»der frühere us-präsident carter
hat seinen 3-tägigen haiti besuch
beendet«

er hat die falten
geliftet
und ist geschminkt

»köln
drei unbekannte
haben in der nacht
zum sonntag
einen brandanschlag
auf ein türkisches reisebüro
verübt
menschen kamen
nicht zu schaden«

seine stimme
hat den klang
von gestern
nüchtern
unbefangen
sachlich

»ersten schätzungen zufolge
fanden mehr als 500 menschen
den tod ...«

der fernseher
von familie z.
spielt
verrückt
produziert
geflimmer und
rauschen
schatten und
licht

herr z.
haut auf
die flimmerkiste
seine frau
stöhnt gähnt
mit der hand
vor dem mund

»und nun
der wetterbericht:
von nordosten
greift ein
tiefdruckgebiet
auf weite teile
deutschlands
über
im tagesverlauf
noch
heiter bis wolkig
gegen abend strichweise
regen
nachts
stürmische böen«

der herr
von der vorhersage
sieht heute
schlecht
aus

»zum wochenende jedoch
auflösung
der wolkendecke
und
frühlingstemperaturen«

er hat eine hornbrille
und halbglatze

»das waren die nachrichten«

[2.3.1995]

tanzkurs

tierisch menschlich

hunde sind auch menschen
denke ich
wenn ich
vornehme damen
hinter gutgekleideten
pudeln
herdackeln sehe

menschen sind auch hunde
sehe ich
wenn ich meinem nachbarn
mit gefletschten zähnen
begegne und
wenn eine freundin
mich ankläfft

[1992]

kleinkrieg

ein ball
fliegt durch
ein
verschlossenes fenster
peng
gefolgt von
kindergelächter
ha ha

die scheibe
zerspringt
sie wird bald
ersetzt
zag zag
das lachen
vergeht
sofort

und
vielleicht
für immer
erstickt
im heftigen schlag
peng
hinter
verschlossener tür

[26.2.1995]

tanzkurs
eine cha-cha-choreographie für jung und alt

es gibt
auf dem politischen tanzparkett
einen neuen rechts links
wendeschritt mit klein
großer drehung
nach rechts

links fängt an: die linken stehen
                   rastlos rechts
                   drehen langsam
                   und entsetzt
                   nach links
                   fallen
                   um
                   und bleiben
                   rechts liegen

und weiter: die links noch da sind
                   rufen rechts:
                   »haltet das maul!«
                   und gehen dann weiter
                   nach links

dort hinten   :   marsch marsch
                   wiegeschritt
                   mit wechselschritt
                   nach rechts

wir schauen noch immer
nach links!:   manche reihen
                   sich ganz fein
                   in der mit-te ein
                   und sagen dann nichts
                   nach rechts

wir sehen: gleichzeitig laufen
                        rechte gemeinsam
                        über die mitte
                        nach links

und zwar: von ost nach west
                        und dann von west nach ost
                        nachdem die zuerst
                        aus dem osten kamen
                        die im westen mitnahmen
                        zuletzt nach rechts

genau jetzt schauen wir
nach rechts: sie schreien
                        »hurra wir sind wieder da!«
                        und drehen geschwind
                        nach links

und nun
eine doppelte drehung: die rechts kriegen links
                        eine auf's maul
                        cha!
die anderen auch: cha!
wiegeschritt: cha cha
                        links und rechts
                        cha cha
                        rechts und links
                        cha cha
                        links und rechts

wechselschritt: cha-cha cha
                        links und rechts
                        cha-cha cha
                        rechts und links
                        cha-cha cha
                        links und rechts

im wiege- und
im wechselschritt: cha cha
cha-cha cha
cha cha
cha-cha cha
cha cha
cha-cha cha

das war's! –

ich möchte hiermit
die tanz stunden
gerne beenden
die meisten haben
gut mitgemacht,
oder doch
zumindest nicht gestört

gibt es noch fragen
oder
will jemand die neuen
oder alten
schritte
wiederholen?

niemand
wirklich niemand?

– sehr schön,
danke für die
wachsamkeit!

[1992]

kinderspiel

wild
rauscht das meer
kinder spielen am strand

du träumst
wie sie spielen
leise und sanft

das meer weckt dich auf
die kinder auch

eins
läuft hin und her
angespannt

eins
liegt reglos am strand

eins
schreit schrill starrt

gebannt
auf einen panzer

aus sand

[1986]

endlich

träume

ich träume
fliederblüten
seerosen
erdbeeren und
sommernächte
träume
glückliche stunden
in einsame zeiten
ich träume
von küssen und scherzen
umarmungen
heitere sehnsucht
ich träume wälder und
wiesen und felder
in graue schluchten
träume ich
träume
ich träume

zwei tänze ein tanz

mein temperament
hat die farbe
des feuers
es lächelt im dunkeln es
leuchtet
in deinem körper
funkelt
mein spiegel
zerbricht
sorglos
in hälften
schließt öffnet
gesang und rhythmus

zwei tänze
ein tanz

dein gesicht
flackert
zwischen neugier
und sehnsucht
aufregung regt
deinen schoß
umspannt meine hüften
und brüste
mein rhythmus ist
heiter und ernst
schwingt in die lüfte
wirft mich zu boden
und dich

zwei tänze
ein tanz
zwei tänze

ich oben dann unten
drehung
du unten dann oben
seitwärts
ein stöhnen
schwitzend
glitzernde haut
nackt
in der tiefe
der nacht

zwei tänze
ein tanz
zwei tänze

dein temperament
hat die farbe
des feuers
es lächelt im dunkeln es
leuchtet
in meinem körper
funkelt
dein spiegel
zerbricht
sorglos
in hälften
schließt öffnet
gesang und rhythmus

zwei tänze
ein tanz

[16.2.1995]

vorahnung

wie du gehst
wenn du kommst
wie du lächelst
wenn du bleibst
wie du bist

wenn ich gehe
wie du kommst
wenn ich lächle
wie du bleibst
wenn ich bin

wie du gehst
wenn ich komme
wie du lächelst
wenn ich bleibe
wie du bist

wie du gehst
wie du lächelst
wie du bist
wie du bleibst

wenn ich komme
wenn ich gehe

gedankensprung

ich sitze
am schreibtisch
und denke
an dich
stelle mir vor
was du denkst
über mich
dabei schauen
meine augen
durch das fenster
auf den rasen
dabei hören
meine ohren
den lärm
auf der straße
dabei verschieben
meine rastlosen finger
leere bögen papier
hin und her
von der linken seite
des tisches
zur rechten
und zurück
dann wieder
von vorn
was du wohl über
mich denkst
denke ich
an dich denkend
und erreiche dich
nicht
auch die bögen
papier
vor mir

bleiben leer
in diesem
gegankengedenke
in dem ich
mein herz
verrenke
warum
denke ich
in gedanken
an dich
nur an mich
was denke ich
wer ich bin
denke ich

[1991]

erinnerungen

hoffnungsschimmernd
grün und gelb am tag
und schwarz bei nacht
die farben

fest umschlungen
glücklich
traumverloren
lachend

dann
ängstlich
unter tränen
türenknallen
gedankengrau

du und ich
ein mißverständnis
kämpfe
Sehnsucht

aus

du bleibst
ich gehe
zornig
traurig
du gehst
ich bleibe

aus

erinnerungen

hoffnungsschimmernd
grün und gelb am tag
und schwarz bei nacht
die farben

erinnerungen

schade
einfach schade

[27.5.1995]

fassungslos

fragst du
ob ich dich
gar nicht mehr
liebe
ein versuch
eine antwort
scheitert

ob ich
dich
gar nicht
mehr

liebe

suche nach Worten
frißt buchstaben
quer

    ist
        doch
            nicht
                schwer
                    etwas
                        nettes
zu
        sagen?

kein krach kein knall
niemand anders
in sicht
nur
ein gefühl ist

verebbt
verebbt

nur in einer von
uns

uns

ist
verebbt
verebbt

verebbt

ebbt
ebb
eb
t

[1984]

waffenbrüder und schwertschwestern

herrschaftskriege
werden meistens von weißen männern
begonnen
wahre befreiungskämpfe
werden vor allem von schwarzen frauen
gewonnen

    die gefährlichsten waffen sind die
    von schwestern und brüdern
    die grausamsten kriege
    führen sie untereinander
    in eigenen krisen

    heucheln und lächeln
    hinter der hand vor dem mund
    neid
    mit dem kopf genickt
    ein küßchen
    links und rechts auf die wange
    umarmungen
    hohl und herzlos

worte und witze
eisig mit schneidender stimme
wahrheit und mythos vorurteil vorwurf
gespreizt mit spitzer
zunge
lauthals und lautlos
stimmung
lärm und lähmende
stille

behauptung und rufmord
ganz offen erbarmungslos
auf zur enthauptung
tat und tot.

die henker essen die mahlzeit
dem essen folgt das vergessen
das entstellte gesicht der geschicke
ist am ende geschichte

die entrechteten
kennen die wahrheit am besten
denn sie spüren sie am eigenen leibe
tag und nacht ihres leidens
die meisten kriege führen die brüder
die schärfsten schwerter schmieden die schwestern

unterwegs

ein baum
ist die erinnerung
an dich
und seine blüte
ist ein welker traum

im schatten
seiner äste
übe ich
vergessen

gestern ohne zukunft
heute oder morgen
ohne dich

ein lied singt
in den blättern
spielt der regenbogen
lächelt

die freiheit
ruft zum abschied
wie zum gruße

und diesmal wenn du gehst
bin ich schon fort

[17.3.1995]

endlich

endlich wieder
frieden
harmonie
im gleichklang
der welten

freude
in deinem gesicht
licht
auf meiner haut

endlich
schlummernde
schmerzen
endlich wieder
schattige worte

heiterkeit
in bewegung
und stillstand

behutsam
ein lächeln
augenzwinkern
und wieder
hoffnungsschimmer
zwischen den wimpern

endlich wieder
heiße küsse
wieder und wieder
auf bangende wangen
endlich
neue nahrung
für und wider
unendlich
stürmische zeiten

[2.3.1995]

bewältigung

einladung

am besten ihr verhaltet euch
ganz ganz normal
sagt bloß nicht negerin
das wäre katastrophal
natürlich kennt sie kartoffeln
nein du brauchst sie nicht braten du
kannst sie ruhig kochen
ihre haut ist schwarz
die haare sind kraus
: willkommen zu haus

winterreim in berlin

du bist so weiss wie schnee
und ich so braun wie scheisse
das denkst du dir und
fühlst dich gut
dabei

ich dufte nach pigment
aus jeder pore
wenn dir das stinkt
mir ist das gleich

du willst mich
kaufen
so wie schokolade
als »negerkuss«
träumst du
mich
butterweich
doch

wirst du
dir
den schlund verätzen
in jede rille
meinen namen
setzen
auf jedem namen
sitzt dir
mein gesicht

grüß dich

frühjahr

der winter ist zu ende
die lichterketten sind aus
jetzt kommt die frühjahrs
multi-kulti-ethno-freizeitgarderobe

dazu passend
zöpfchen ins haar
wie in afrika
und selbstgeknüpfte ketten
um hals und hüften
ein sprachkurs in wolof
und nach originalrezept couscous
mit hirse aus biodynamischem anbau
in der nachsaison
drei wochen trommelkurs in senegal
in authentischen
hütten am strand
in der casamance
anderswo tanzt man/frau
brasilianisch oder vielleicht
auch japanisch

die ausländischen nachbarn von nebenan
woher die kommen?

jazz

jazz ist ein schrei
der schweigen zerreißt
chaos ist jazz ist
aufruhr ist wut.
eine waffe gegen die lüge
und ehrlichkeit ohne ehrfurcht
ist jazz
furchtlos sterben
angst vor dem tod

jazz ist die Schwester
des blues

melodiös und dramatisch
heiter und zickig
plätschernd und brüllend
ist jazz
jazz ist begierde
ist hungrig und lüstern
ist leben ist lieben
ist leid

jazz ist harmonie
mit viel streit

schräg ist jazz
schrill grell
leise
unbequem
angenehm unangenehm
jazz
ist heiß kalt und lau
zwischen hochzeit
und scheidung

peperoni und popkorn
ist jazz

jazz ist ein kind
mann und frau

jazz ist die Schwester
des blues ist der bruder
des soul ist
ella fitzgerald ist
miles davis ist
john coltrane ist
betty smith
jazz
ist trompete ist saxophon
stimme
du und ich

das ist jazz

die farbe der macht

nicht die farbe der haut
die farbe der macht
entscheidet

rassismus ist das bleiche gesicht
der gewalt
die sich in deutschland wieder zunehmend offen
in südafrika
immer schon
ungeschminkt
zeigt

die farbe der macht
mit der sich Einwanderer in südafrika
als Afrikaner bezeichnen
und die schwarzen Bewohner
als eingewanderte Bantus ausweisen
ist die gleiche
mit der sich Einwanderer in den usa
als amerikaner erweisen
und die eigentlichen amerikaner
als »Indianer« beschreiben

nicht die farbe der haut
die farbe der macht
entscheidet
für oder gegen das leben

die unterkunft

die die das sagen haben
sagen es sei ein heim
es ist
nichtmal ein haus

nur ein paar wände
viele menschen dazwischen
ein dach obendrauf

keine blumen die
die fenster schmücken
keine bilder an der wand
kein teppichboden
neonlicht
tagein tagaus

graue innenseiten
auch die außenansicht
grau

fatima
sucht nachts nach händen
ihrer kinder
schreie
schrecken sie
aus jedem traum

in der fremde ist
die einsamkeit
in der ferne
ist die heimat
kein zuhaus

in deutschland einig Vaterland
ist wieder ein » asylheim «
abgebrannt

dach und wände sind fort
die menschen sind tot
nur noch asche und rauch
verkohlte
knochen und haut

die die das sagen haben
sagen gar nichts
die meisten anderen
schweigen
auch

[1993]

bewältigung

die einen setzen sich auseinander
die anderen reißen sich zusammen

was ist besser?

die geheuchelte freundlichkeit derer
die es besser wissen
oder die freundliche heuchelei der
besserwisser

was ist besser?

die erfahrung oder die erkenntnis oder
die tatsache selbst

die einen zerbrechen im handumdrehen
bei anderen braucht es ein händeschütteln
ein kräftiges schulterklopfen
ein augen aufreißen
(aufschlagen geht auch – was ist besser?)

manche suchen die anerkennung
derer
die sie verachtet haben
andere
ernten ihr mitleid

was ist besser?

die einen fallen sich in den rücken
den anderen fällt es in den schoß
der die das
ein oder andere
zerbricht an sich selbst

während die einen zerbrechen
oder noch gebrochen werden müssen
was ist besser?
sind die anderen schon tot
vielleicht schon zerfallen

was bleibt übrig?

kehrtwende

leidelied

dieses lied
wird in einsamkeit
leise gesungen
dieses lied
hat den weg
durch die wüste
geweint

von ferne
hat es nahe
geklungen

die toten geweckt und
vereint
himmel und erde
durch blitze
entzweit

dieses lied
bringt
wärme und kälte
die melodie ist
freude und schmerz

es hat viele sprachen
und stimmen verloren
und gewonnen
im vergangenheitsherd

dieses lied
wird bei mondschein
mit liebe begossen
von babys und greisen
wird es gesummt

dieses lied
weiß und vergißt alles
wenn es verstummt –

dieses lied

tristesse

ganz langsam
fallen schneeflocken
auf mein gesicht
fröstelnd taste ich
mich
durch die straßen
bedächtig
den asphalt entlang
behutsam
dem himmel entgegen
ich warte auf etwas
was schon gestern
nicht kommen wollte
warte auf dich
und ein frühlingsgefühl
ohne kummer

[3.2.1996]

stille

ein tiefer riß geht durch mein leben
unbeschreiblich
schmerzend
ungeahnt verletzend
ungewollt
zerstörend
ich weine ohne tränen
ohne stimme
schreie ohne stimme
weine
ganz alleine
bin ich
ganz alleine

[25.4.1996]

schatten

aus den trümmern meiner seele
wachsen dürre ängste
blattlos
gerankt um die stirn
meines herzens
einsam und kalt ist die luft
rauh und rätselhaft
in schmerzen gehüllt sitzt hoffnung
im tor der sehnsucht:
ich wünsche mir ein liebeslied ohne leid
wünsche mir einen blätterwald
tag und nacht
wünsche ich mir
ein du
ganz für mich

[15.4.1996]

kehrtwende

ein böses geheimnis
frißt löcher
in mein gesicht
stellt fragen
in frage
verweigert
sich
meinem blick

ich fürchte
plötzlich
das wiedersehen
in deiner kälte
mehr als die reise
zurück zu mir
in die leere

schon wieder
winkt ein
abschiedsgedicht
in die zukunft
schon weht
ein neuer wind
in mein herz
schon wieder

[25.2.1995]

vorbereitung für den ernstfall

die innere unruhe
sitzt zwischen zwerchfell
und einbildung und ißt
an einer banane
sie verdaut
ein bewährtes rezept
für schöne nervosität

erst tüchtig entspannen
dann grundlos aufregen
anschließend
erst wieder einatmen
wenn es dreizehn
geschlagen hat

die innere unruhe
schmatzt
leise im takt

wenn das alles
nicht hilft
kommt die besinnung
auf all das
was wir schon immer
vergessen wollten
und sollten

mißverständnisse ausflüchte
konflikte
unbedachtheiten selbstbetrug
gewissensbisse
lügen anschuldigungen
gemeinheiten
und so weiter und so weiter
und so weiter

ein gutes gedächtnis
ist dafür von vorteil
muß aber nicht sein
die gewöhnliche
erinnerung
reicht meist

selbst in hartnäckigen fällen
erwachen allmählich
die heimlichen zweifel

aber an erster stelle
gefolgt von warum und wieso
schließlich die zentrale
zwischenfrage

wie stellst du dir
das überhaupt vor
wie das weitergehen
und enden soll

oder?
(oder ist hier sehr beliebt
und sehr wichtig!)
oder ist
schon alles zu ende
und du hast es
bloß nicht gesagt
oder
zu sagen gewagt

jetzt
ist die unruhe
komplett
besinnung und zweifel
sind weg
keine frage

der ernstfall
kann eintreten

[5.3.1995]

ewiglich

was braucht ein leben zum sterben

wie viele anfänge
und abbrüche
und sinnlose sehnsüchte
vermag
ein verstand
zu verkraften
wie lange

wieviel hunger
unrecht infarkte
und seelengeschwüre
braucht ein herz
für den sturz
in den stillstand

und dann

präzise
in zahl und gewicht
wieviel brüche
benötigt
ein rückgrat
bis es keines mehr ist
und die seele
wieviel verzweiflung
daß sie zerfließt

wieviel platz
muß zerplatzen
hals über kopf
mit beinbruch
plötzlich
bis stille eintritt
frieden und glück
wo

und wie viele
menschen
werden zuvor wie viele
tiere und pflanzen
und
wie oft sich selbst
bekämpfen
wer letztlich wird einzig
wen und wann
überleben

wozu?

[25.9.1995]

götterspeise

wenn der himmel
lacht bebt
die erde
das meer
tobt in
springender flut
vulkane
sprühen feuer
die natur
feiert den tod

[26.2.1996]

ewiglich

die sonne der mond die sterne
fest im herz verankert
zwischen freud und leid
falten hoffnungen in sorgen
liebe
in wissen und gewissen
un wissen
licht und schatten
in gedanken und worte

ich erwache
hinter mauern:
tränen
glücklich in
trostlosen träumen

schau wie ich sterbe
mit humor und verzweiflung
ich trage krankheit dem tod entgegen
und mich selbst
in ein ewiges leben

[1.3.1996]

nicht einfach

einfacher
hatte ich es

gedacht

weniger
schmerzhaft vermutlich
ein bißchen

erträglicher
nicht ganz so
grausam
vielleicht
halb so schlimm

als es ist
schwer zu erkranken
in der mitte des lebens
oder doppelt so schlimm
allenfalls

abschied
von dir
und für immer
ist
ein splitter im herz
ißt ist

mein innerstes

blut
stockt
gehirn gerinnt

ein stich

in der seele
unvorbereitet
und einsam

vorzeitig

sterben
ist möglich
doch
leben ist

auch möglich

im antlitz des todes

das äußere
kehrt sich
nach innen

die peripherie
verliert
die tragik
der atem
rauscht
dunkel und tief
ebbe und flut

im rhythmus des mondes

augen blicke
zurück und nach vorn
gestik und mimik
schwinden
in bleibender spur

gestik und mimik
schwinden

in bleibender spur
erinnern

unter der haut
pulsieren
unsterbliche
worte

im antlitz des todes ist

leben

[für Audre und Hedwig]

diesseits im jenseits

vorboten des todes
verbeugen sich
vor dem leben

unerkannt
sachte ganz sachte

sie begehren
ein stückchen seele
ein bißchen herz
und verstand
sie nehmen
die sterbenden
zur geburt
in die hand

unerkannt
sachte ganz sachte

beherbergt
in himmel und hölle
auf erden
träumt
göttliche wahrheit
liebe
in ewige lehre

unverwannt
sachte ganz sachte

vorboten des todes
gesandte
des ewigen lebens
sind
herz und verstand
und seele

von geburt zu geburt
in himmel und hölle
auf erden

unerkannt unverwannt
sachte ganz sachte

geborgen
träumt
göttliche wahrheit
ewige lehre

[19.11.1995]

abschied

was sollen die letzten worte sein
lebet wohl auf wiedersehen
irgendwann irgendwo?
was sollen die letzten taten sein
ein letzter brief ein telefonat
ein leises lied?
was soll der letzte wunsch sein
verzeiht mir
vergeßt mich nicht
ich hab euch lieb?
was soll der letzte gedanke sein
danke?
danke

Nachgedanken
von Marion Kraft

MAY

ich hätte dieses mal so gerne
ein gedicht geschrieben
das nicht
das nicht von abschied spricht

Frühsommer 1986. Eine internationale Frauentagung in Hamburg zu Literatur und Politik. Ein Workshop über Schwarze Autorinnen bleibt in dem umfangreichen Programm eine einsame exotische Blume. Während der Eröffnungsreden streift mein Blick über die Versammlung in der Hoffnung, die wenigen Schwarzen Frauen, die außer mir gekommen sind, ausfindig zu machen. Ich überlege, wie ich das in meinem Vortrag zu Alice Walker thematisieren könnte, als ich plötzlich in ein Gesicht sehe, das mich von der Empore herab in seinen Bann zieht und in dem ähnliches vorzugehen scheint. Ein faszinierendes Gesicht: wissend, kritisch und leicht spöttisch, ein junges Gesicht mit großen Augen voller Fragen und Antworten: May. Ich blättere nochmals im Programm: »Lesung mit May Opitz. Afro-Deutsche«. Sofort weiß ich, das muss die Stimme zu dem Gesicht sein, und sie ist es. Traurig und kämpferisch, heiter und nachdenklich und voller Musik. Sie liest einige ihrer Gedichte aus dem von ihr mitherausgegebenen Buch *Farbe bekennen. Afro-deutsche Frauen auf den Spuren ihrer Geschichte* und fasziniert durch ihre Sprache, die Lyrik des Blues, ihre Wortspiele und ihre Ausstrahlung.

Bis ich May kennenlernte, fand ich den Begriff »Afro-deutsch« problematisch, nicht wegen »Afro«, war doch einer meiner Forschungsschwerpunkte afrikanisch amerikanische Geschichte und Kultur, eher wegen »deutsch«. Schwarz und deutsch sein war die Erfahrung einer grausamen Kindheit in den Nachkriegsjahren und einer Jugend bestimmt von Ausgrenzung, Verletzung und Missachtung. Überleben und Leben bedeutete auch Abgrenzung.

May, 1960 geboren, Vater Ghanaer, Mutter Deutsche, Heimkind, Pflegekind, Studentin aus eigener Kraft, hatte ähnliche Erfahrungen. Doch schon sehr früh ging sie die Auseinandersetzung mit einer feindlichen Welt offensiv an. In einem ihrer ersten Gedichte, »afro-deutsch«, hält sie mit der ihr eigenen Ironie und Selbstironie vielen weißen Deutschen einen Spiegel vor und rückt sich selbst von der Peripherie ins Zentrum. Schon damals begreift May die Problematik einer bikulturellen Herkunft als Herausforderung. In ihren Gedichten setzt sie sich mit der Mutter, der Heimerfahrung, der Pflegefamilie und dem immer wieder erfahrenen Rassismus auseinander. Gleichzeitig wird ihr früh klar, daß Unterdrückung und Ausgrenzung viele Erscheinungsformen haben. Südafrika zur Zeit der Apartheid, der Kampf afrikanisch amerikanischer Menschen gegen politische und kulturelle Unterdrückung, die Situation von MigrantInnen in Deutschland werden zu zentralen Themen in ihren Gedichten. Bewusst bezieht sie Stellung zu persönlichen und politischen Themen als Frau, als Schwarze und als Deutsche. In *Farbe bekennen* schreibt May: »Das immer wieder meine Situation Sichten- und Erklärenmüssen hat mir zu mehr Klarheit über mich selbst verholfen, bis zu der Erkenntnis, daß ich niemandem eine Erklärung schuldig bin. Ich hege keinen Groll gegen die, deren Macht und Ohnmacht ich ausgesetzt war und denen ich mich zeitweise unterordnete oder unterordnen mußte. Ich habe oft etwas aus mir machen lassen, es liegt nun an mir, etwas aus dem zu machen, was man/ frau aus mir gemacht hat. Ich habe mich auf den Weg begeben.«

May Ayims Weg war nicht geradlinig. Kindheit war für sie nicht Geborgenheit. Die Mutter, die wir in dem Gedicht »überhaupt fast gar nicht« erkennen, gab sie nach der »zwangskind-mutterschaft« ins Heim. Der ghanaische Vater, »Onkel E.«, dem sie ihr Gedicht »vatersuche« widmet, besucht sie sporadisch. Von den Pflegeeltern wird ihr eingebläut, dass sie sich nur nicht auffallen darf, »Angst gab es genug«, schreibt sie in *Farbe bekennen*, »wahrscheinlich Platzangst, oder Angst zu platzen, unter Schlägen und Beschimpfungen zu zergehen und sich nicht mehr wiederfinden zu können«. Dennoch hatte May zu sich selbst gefunden.

Wenige Wochen nach der Hamburger Tagung mache ich in Berlin ein Interview mit Audre Lorde. Ich erfahre von ihrem Einfluss auf die Initiative einer afro-deutschen Bewegung und habe die Gelegenheit, gemeinsam mit ihr andere Schwarze Deutsche zu treffen. Ich begegne May Ayim wieder und kann mehr von ihr erfahren. Ein Drittel des Buches *Farbe bekennen* basiert auf ihrer Diplomarbeit zur afro-deutschen Geschichte, der ersten gründlichen Recherche zur Geschichte von Menschen afrikanischer Herkunft in Deutschland seit dem 12. Jahrhundert. May ist entscheidend an der Gründung und Weiterentwicklung der Initiative Schwarze Deutsche (ISD) beteiligt, sie überlegt, mit einer Arbeit über Schwarze Kinder in Deutschland zu promovieren, und sie schreibt weiter Gedichte. Gedichte über Afrika, über Deutschland, über Liebe und Freundschaft, über Rassismus, über Sprache und über das Leben – in verschiedenen Welten.

In den folgenden Jahren begegne ich May in diesen verschiedenen Welten. Bei einer Lesung im Frauenkulturzentrum in Bielefeld, auf Jahrestagungen der ISD in Berlin, bei der Organisation einer Schreibwerkstatt Schwarzer und weißer Frauen in Bielefeld, auf der internationalen Frauenbuchmesse in Montreal, auf der Konferenz *I am Your Sister* zu Ehren von Audre Lorde 1990 in Boston, beim *Cross-cultural Black Women's Studies Summer Institute*, das 1991 erstmalig in Deutschland stattfindet. Dort trägt sie in Prosa und Lyrik ihre Empfindungen zum »neuen« Deutschland vor, »grenzenlos und unverschämt« wie in dem »gedicht gegen die deutsche sch-einheit«. Ein Jahr später, am 9. November, schreibt sie das Gedicht »deutschland im herbst« und fasst ein Jahrhundert deutscher Geschichte in den lakonischen Worten zusammen: »mir graut vor dem Winter«. Erinnerungen an Heines Exillyrik drängen sich auf. Aber May Opitz, inzwischen May Ayim, schreibt aus dem Zentrum Deutschlands und mitten aus dem Leben, ihrem Leben, das die positive Wahrnehmung von Verschiedenheit als Voraussetzung für Gleichheit einfordert. »Ich werde trotzdem afrikanisch/sein/auch wenn ihr/mich gerne/deutsch/haben wollt/und werde trotzdem/ deutsch sein/auch wenn euch/meine schwärze/nicht paßt«.

Gemeinsam mit anderen Frauen, die nicht ins deutsche Einheitsbild passen, gibt May 1993 das Buch *Entfernte Verbindungen* heraus, in dem sie über »Heimat und Einheit aus afro-deutscher Perspektive« und ihre Erfahrungen aus dem Jahr 1990, dem Jahr der »Wiedervereinigung« schreibt. Nach Pogromen, Mordbränden und wachsender rassistischer Gewalt werden Mays Gedichte anklagender, zynischer, fragender. Aber immer wieder thematisiert sie ihre Vision von einer anderen, einer grenzenlosen Welt.

May Ayim war in Deutschland und in der Welt zu Hause. Berlin, wo sie sich trotz ihrer selbstironisch belächelten »Orientierungslosigkeit« immer zurechtfand, war seit Mitte der 80er-Jahre ihr Ausgangspunkt. Persönliche Kontakte, Forschungsreisen, Einladungen zu Vorträgen und Lesungen führen sie nach Ghana, in die USA, nach England und die Karibik. Einige ihrer Gedichte erscheinen in Übersetzungen in englischsprachigen Zeitschriften, und 1993 liegt auch *Farbe bekennen* in englischer Sprache vor. Ihre Anerkennung in Deutschland und in der Welt wächst, und andere Autorinnen der afrikanischen Diaspora wie Maryse Conde und Linton Kwesi Johnson gehören bald zu ihrem Freundeskreis. Mitte der 90er-Jahre weiß sie: Sie hat nicht nur überlebt. Sie steht mitten im Leben.

Wie ihr großes Vorbild Audre Lorde konnte May das Leben feiern, selbst in der Konfrontation mit dem Tod. Ihre Gedichte »Soul sister«, »Ana« und »für Yoliswa« sprechen von dem, was bleibt, vom westafrikanischen Glauben an die Unsterblichkeit der Ahnen, vom Weiterleben der Menschen in ihren jeweiligen Werken, in der Natur und in den Lebenden, die sich erinnern. May hatte die unterschiedlichen Welten, in denen sie lebte, versöhnt und war entschlossen, noch weiter zu gehen, »bis an den äußersten Rand/wo meine Schwestern sind/wo meine Brüder stehen/wo/unsere/FREIHEIT/ beginnt«.

Meine Begegnungen mit May enden ähnlich, wie sie begannen. Im Frühjahr 1995 tauschen wir unsere Bücher aus. Ich schicke ihr mein Buch über afrikanisch amerikanische Autorinnen. Sie schickt mir ihren gerade erschienenen Lyrikband blues in schwarz weiss. Bei jedem ihrer Gedichte, das ich lese, sehe ich sie vor mir, so wie damals in Hamburg, wie eine afrikanische Kriegerin, harmonisch und unergründlich, lächelnd und traurig, wissend und fragend, spöttisch und ernst, selbstkritisch und anklagend. Und ich höre ihre Stimme, so wie Maryse Conde sie im einleitenden Grußwort des Bandes beschreibt: »jung und sehr alt«.

Unser letztes, kurzes Telefongespräch endet mit der gegenseitigen Versicherung, sich künftig nicht mehr fast ausschließlich bei Tagungen und mehr oder weniger offiziellen Anlässen zu treffen. Kurze Zeit später erfahre ich von gemeinsamen Freundinnen, dass es May schlecht geht. Wie schlecht es ihr geht, wird mir nach ihrem letzten Fernsehauftritt klar. »Die Angst, zerrissen zu werden«, schreibt die Moderatorin danach. May, die immer mutig war, hatte zuletzt, nach mehreren depressiven Schüben und der Diagnose MS, vor allem die Angst, nicht mehr sie selbst sein zu können.

Spätsommer 1996. May ist tot. Wie viele andere, die ihr Persönlichkeit und ihre Arbeit tief beeindruckt haben, bemühe ich mich, ihren Entschluss, aus diesem Leben zu gehen, zu akzeptieren, und bin dankbar für ein Jahrzehnt, in dem ich sie als eine jüngere Schwester kennen und schätzen lernen und dabei viel über sie und mich selbst erfahren konnte.

May sagt uns in ihrem Lieblingsgedicht »nachtgesang«: »Ich warte nicht mehr/auf die besseren Zeiten/(...)/ich packe die erinnerung ein/ich blase die kerze aus/ich öffne die tür/(...)«. Sie hat sich die Tür zu einer anderen Existenz geöffnet, einer Welt, in der es die schmerzliche Erfahrung von Ablehnung, Rassismus und erzwungener Rechtfertigung des Seins nicht gibt. Sie lebt weiter in ihren Gedichten, in unserer Erinnerung und in uns selbst, als Teil der afrikanischen Diaspora, die sich trotz aller Verleugnungen in die Geschichte einschreibt. Mays wissenschaftliches und lyrisches Werk, ihre Vision von einer besseren Zukunft hat vielen Menschen Mut und Kraft gegeben. Ihre eigene Kraft reichte letztlich nicht mehr aus, sie in dieser Welt zu halten, aus der ich ihr mit ihren eigenen Worten sagen will, wie gut und wichtig es war, sie kennen zu dürfen:

manchmal leuchten
die schönen momente bis heute
dann rühre ich mutkematke
und male unsre gesichter.

MAY

Marion Kraft, 9. November 1996

Adinkra Motive

»Die ghanaische Kultur ist in erster Linie eine Kultur der Symbolik. Sogar die Trauer zeigt sich in Symbolen. Es gibt in Ghana viele Formen, von Verstorbenen Abschied zu nehmen. Ihr Höhepunkt liegt vielleicht im Anlegen dunkler Gewänder, die mit Symbolen bedruckt sind: die Adinkra Tücher. Die grundlegende Überzeugung der Ashanti, daß die Seele eines Verstorbenen in die immaterielle Welt der Vorfahren eingeht, aber mit der Welt der Lebenden verbunden bleibt, manifestiert sich in Ehrenbezeugungen gegenüber der Toten oder dem Toten. Die Beerdigungsfeierlichkeiten selbst sind daher keine Zeremonien des Todes, sondern vielmehr Feiern des ewigen Lebens. Dieser Glaube findet seinen Ausdruck in der Akan Maxime ›Onyame nwu nu mawu‹ (Wenn Gott stirbt, sterbe ich auch – aber da Gott nicht stirbt, sterbe auch ich nicht) ...

Die Adinkra Symbole sind in der Regel Abstraktionen von Sprichwörtern und Redensarten. Traditionell dienen sie als Warnung, Ermutigung und Rat für den fehlbaren Menschen. Ich hoffe, daß sie diese Rolle auch in der modernen Gesellschaft Ghanas weiterspielen werden. Das wichtigste Symbol in diesem Zusammenhang ist das Sankofa-Symbol: die abstrakte Darstellung eines Vogels, der seinen Kopf zurückdreht. Dies bedeutet, daß es nicht verboten ist, umzukehren und das Zurückgelassene zu holen. Es steht für das kulturelle Wiedererwachen, von dem nicht nur Ghana heute erfaßt wird, sondern das weltweit die Menschen afrikanischer Herkunft berührt.«

Ablade Glover

aus: Mark Kwami / Imke Folkerts / Annette Hulek u.a.:
Adinkra. Symbolsprache der Ashanti. Ausstellungskatalog,
herausgegeben vom Haus der Kulturen der Welt, Berlin 1993

May Ayim,

ghanaisch-deutsche Dichterin, Wissenschaftlerin und politische Aktivistin, wurde 1960 in Hamburg geboren, wuchs in einer Pflegefamilie in Nordrhein-Westfalen auf, studierte Psychologie und Pädagogik in Regensburg und schloss eine Ausbildung als Logopädin in Berlin ab, wo sie von 1984 an lebte und als Sprachtherapeutin sowie als Dozentin und als Studienberaterin an Hochschulen arbeitete. Im Alter von 36 Jahren nahm May Ayim sich das Leben.

2011 wurde das Kreuzberger Gröbenufer in Berlin dank einer zivilgesellschaftlichen Initiative in *May Ayim Ufer* umbenannt.

May Ayim ist Mitherausgeberin und Mitautorin der Bände *Farbe Bekennen. Afro-deutsche Frauen auf den Spuren ihrer Geschichte* und *Entfernte Verbindungen. Rassismus, Antisemitismus, Klassenunterdrückung* sowie einer Vielzahl von Aufsätzen in Sammelbänden und Zeitschriften. Ihre Gedichte und Essays erschienen zunächst im Orlanda Frauenverlag (*blues in schwarz weiss* 1985; *nachtgesang* 1997; *Grenzenlos und unverschämt* 1997). Gedichte und Texte erschienen in Englisch, Spanisch und Portugiesisch. Africa World Press veröffentlichte *Blues in Black and White*, eine Sammlung von Gedichten und *Essays. Showing Our Colors. Afro-German Women Speak Out* erschien bei der University of Massachusetts Press.

May Ayim war eine der Vorreiter*innen der Schwarzen Deutschen Bewegung, die mit ihrer Forschung zur Geschichte und Gegenwart Afro-Deutscher und mit ihrer politischen Lyrik im In- und Ausland bekannt wurde. Sie gehörte 1985 zu den Gründer*innen der *Initiative Schwarze Deutsche und Schwarze in Deutschland*.

1997 erschien der biografische Film *Hoffnung im Herz. Mündliche Poesie – May Ayim* (Maria Binder, 28 Min.) Den Film gibt es bei Vimeo mit englischen und portugiesisch/brasilianischen Untertiteln.

Tupoka Ogette
exit RACISM

rassismuskritisch denken lernen

9. Auflage
136 Seiten | 12.80 €
ISBN 978-3-89771-230-0

Interaktives Handbuch der bekannten Anti-Rassismus-Trainerin

Das Buch begleitet die Leser*innen bei ihrer mitunter ersten Auseinandersetzung mit Rassismus und tut dies ohne erhobenen Zeigefinger. Vielmehr werden die Leser*innen auf eine rassismuskritische Reise mitgenommen, in deren Verlauf sie nicht nur konkretes Wissen über die Geschichte des Rassismus und dessen Wirkungsweisen erhalten, sondern auch Unterstützung in der emotionalen Auseinandersetzung mit dem Thema.

»Der nach wir vor in der weißen Gesellschaft präsente Alltagsrassismus ist so verpackt, dass er – wenn man nicht selbst tangiert ist – meist gar nicht auffällt. Ogettes Buch ist ein Appell an die (wohl vornehmlich linken) weißen Leser/innen, endlich die Scheuklappen abzunehmen.«

Selina Staniczek | konkret

Ijeoma Oluo
Schwarz sein in einer rassistischen Welt

Warum ich darüber immer noch mit Weißen spreche

2. Auflage
240 Seiten | 16 €
ISBN 978-3-89771-275-1

Vom täglichen Kampf gegen Rassismus und der Notwendigkeit, darüber zu sprechen

Ijeoma Oluo hat mit *So you want to talk about race* einen New York Times-Bestseller geschrieben. Teils biografisch, teils anekdotisch, aber immer analytisch, behandelt sie in zugänglicher Sprache, mit Humor und Verstand Fragen, die sich viele nicht zu stellen trauen. Warum darf ich das ›N-Wort‹ nicht benutzen? Warum soll ich deine Haare nicht anfassen? Hat Polizeigewalt wirklich etwas mit ›Rasse‹ zu tun?

Ein Buch, das sehr hart und sehr einfühlsam zugleich ist, Diskurse voranbringt und Verständnis schafft. Geschrieben für alle, die in allen Lebensbereichen eine gerechtere Gesellschaft ohne Rassismus schaffen wollen.

Shakil Choudhury
Deep Diversity

Die Grenze zwischen ›uns‹ und den ›Anderen‹ überwinden

232 Seiten | 16.80 €
ISBN 978-3-89771-243-0

Aktueller Sachbuch-Bestseller in Kanada – nach einem Jahr bereits in 4. Auflage!

Deep Diversity beleuchtet in ebenso zugänglicher wie hochspannender Weise die Frage, wie wir uns und andere wahrnehmen und wie der vermeintliche Unterschied zu Ab- und Ausgrenzung führt.

Shakil Choudhury untersucht, welche Rolle Emotionen, Triebe und Sozialisation in Bezug auf Rassismus spielen und wie sie mit Herrschaftsverhältnissen verknüpft sind. Überzeugend belegt er seine Argumente mit Ergebnissen aus neurologischen und psychologischen Forschungen, ergänzt um viele persönliche Erfahrungen, die seine eigenen Voreingenommenheiten thematisieren. Damit ermutigt er die Leser*innen dazu, ihre eigenen diskriminierenden Reaktionen anzugehen, statt sie zu leugnen.

UNRAST Verlag | www.unrast-verlag.de | kontakt@unrast-verlag.de

UNRAST

Muna AnNisa Aikins

Die Haut meiner Seele

Eine Erzählung in Lyrik und Prosa

insurrection notes | Band 12
128 Seiten | 12.80 €
ISBN 978-3-89771-612-4

Plädoyer einer >Nomadin zwischen den Welten< für eine Freiheit, die Wunden heilen kann

Als sechsjähriges Mädchen wird AnNisa von der Großmutter einem Schlepper überantwortet und mit dem Flugzeug nach Deutschland geschickt. Die Zerrissenheit zwischen der kaum erinnerbaren Heimat und dem Erleben in Deutschland prägt ihr Werk. AnNisas Leben ist ein Leben »dazwischen«: »Ich lächele mit dem Gewicht zweier Welten auf meinen Schultern und versuche, nicht zusammenzubrechen.«

Rodrigue Péguy Takou Ndie

Die Suchenden

Roman

insurrection notes | Band 9
2. Auflage
176 Seiten | 13 €
ISBN 978-3-89771-609-4

Asylsuche in Deutschland

»überaus spannender und politischer Roman zum Thema Flucht und Asyl aus afrikanischer Perspektive«

Florian Schmid
neues deutschland

Michael Götting

Contrapunctus

Roman

insurrection notes | Band 5
2015 | 92 Seiten | 8.90 €
ISBN 978-3-89771-605-6

Contrapunctus ist eine polyphone, wilde Reise durch das Leben der afro-deutschen Protagonist*innen und das kollektive Bewusstsein der Berliner Republik. Das Buch wirft einen schonungslosen Blick auf das Leben von vier Schwarzen Deutschen, die in Berlin mit dem kolonialen Erbe der Stadt, ihren Beziehungen und den Symptomen rassistischer Tendenzen in der Gesellschaft kämpfen.

Audre Lorde

Die Quelle unserer Macht

insurrection notes | Band 11
zweisprachige Ausgabe
englisch-deutsch
184 Seiten | 14 €
ISBN 978-3-89771-611-7

Leidenschaftliche Lyrik für eine bessere Welt

Die vorliegende Auswahl ihres lyrischen Werkes stellte Audre Lorde kurz vor ihrem Tod, während ihres letzten Aufenthaltes in Berlin, selbst zusammen. Die Gedichte umspannen Themen von Liebe und Leidenschaft zwischen Frauen, den vielfältigen Kampf um Selbstbehauptung und gegen den Missbrauch von Macht, das Ausloten von Unterschieden als kreative Kraft und die Vision einer neuen, lebbaren Welt.

UNRAST Verlag | www.unrast-verlag.de | kontakt@unrast-verlag.de UNRAST

RADIKALE DICHTERIN, SANFTE REBELLIN

MAY AYIM.

Ika Hügel-Marshall, Nivedita Prasad &
Dagmar Schultz (Hg.)
May Ayim.
Radikale Dichterin, sanfte Rebellin

304 Seiten | durchgängig farbig illustriert
19.80 Euro | ISBN 978-3-89771-094-8

So abwechslungs- und facettenreich sich das kurze Leben dieser wunderbaren Lyrikerin, Aktivistin und Suchenden gestaltete, so unterschiedlich und vielseitig waren auch ihre Kontakte. May Ayim wird heute mehr denn je als Repräsentantin und als Identifikationsfigur der afrodeutschen Community angesehen.

Die Vielfältigkeit ihres Schaffens und Wirkens wird in diesem Buch auf zweierlei Weise deutlich: Zum einen enthält es unveröffentlichte Gedichte und Texte der Autorin sowie Interviews mit ihr, die nach wie vor eindringlich und hochaktuell sind. Zum anderen zeichnen Beiträge von Familienmitgliedern aus Ghana, USA und Deutschland sowie Erinnerungen und Reflexionen von Freund*innen, Kolleg*innen, Schriftsteller*innen und Mitstreiter*innen aus aller Welt ein faszinierendes Bild ihrer vielschichtigen Persönlichkeit.

UNRAST Verlag | www.unrast-verlag.de | kontakt@unrast-verlag.de   UNRAST